요즘 직장 생존법

요즘 직장 생존법

M과장 지음

멘탈과 연봉을 지키는
슬기로운 회사 생활

흐름출판

잘나가고 싶은 이 땅의
모든 직장인에게

회사가 내 인생을 책임져줄 것이라 착각했다. 회사의 합격 통보를 받았던 이십 대에는 이제 사회인이라는 생각에 들떠 내 시간과 노력을 갈아 넣어 성과를 갖다 바쳤다. **소위 흙수저라 불리는, 선천적으로 많은 것을 가지지 못한 사람도 자기 힘으로 선택할 수 있는 것이 '직장'이다.** 그러나 엄밀히 말해 우리가 선택한다고 다 되는 게 아니다. 우리도 회사의 선택을 받고 '합격' 통보를 받아야 그 다음 스텝으로 넘어간다. 일단 회사의 선택을 받고 나면 얻을 게 많다. 10여 년 전 누린 취업의 기쁨을 뒤로하고 잠시 생각해본다. **그때와 지금은 무엇이 같고 어떻게 달라졌을까?** 우린 회사에서 평균 6.5년의 시간을 보낸다.[*] 근로자 평균연령은 2017년 41.6세에서 2018년 42.0세로 점차 고령화되고 있는 반면 신입사원의 첫 직장 평균 근속기간 단 17개월. 29세 이하 취업자 연평균 4백만 명 중 67퍼센트가 첫 직장을 떠나고 있다.[**] **이들이 요즘 직장에서 살아남지 못한 것일까? 아니면 이 직장이 가치가 없다고 느낀 것일까? 그럼 이곳에 남아있는 자들은 안녕할까?**

나는 바이어buyer다. 머천다이저merchandiser, 보통 MD라고 부른다. 기업의 매출과 수익을 위해 트렌드를 분석하고 상품을 운영, 개발하는 역할을 한다. 직업상 매주 쏟아지는 신상품들을 가장 먼저 만나고 있는데, **요새 신상품들은 뜨는 것도 빠르지만 지는 건 더 빠르다.** 고객에게 외면받아 매출이 저조한 상품은 출시된 지 석 달이 채 지나기도 전에 생산 종료가 결정되기도 한다. 상품이 태어나서 죽을 때까지를 나타내는 상품의

[*] 국가 주요지표를 제공하는 'e-나라지표(www.index.go.kr)'의 〈근로자 평균근속년수, 평균연령, 학력별 임금-고용노동부(2020.5.31.)〉에 따르면 직장인 평균 근속년수는 2006년에는 5.8년, 2009년에는 6.2년, 2011년 6.1년, 2016년 6.4년, 2017년에는 6.3년, 2018년 6.5년이었다. (평균 근속년수 : 실제로 해당 기업체에서 근무한 기간)

[**] 통계청 2019.5월 데이터를 참고했다.

사이클이 점점 더 빨라지고 있는 것이다. 면밀한 트렌드 분석과 심도 있는 콘셉트 설정, 유능한 직원들의 의사결정을 거쳐 고심해서 출시된 신상품들이다. 그중 어떤 상품도 조기 생산 중단을 예상하고 출시되는 상품은 없다. 그러나 데이터에 의거한 기업의 판단은 냉정하다.

거기에 준해 생각해보면 결국 사원 역시 상품과 비슷한 맥락에서 이해해볼 수 있다. **냉정하게 말해 세상이라는 시장에 나온 '나'라는 직장인 역시 상품과 같기 때문이다. 그렇다고 할 때 입사하면서 퇴사와 이직, 은퇴의 순간을 상상해본 적이 있는 사람이 얼마나 될까? 직장인의 유통기한은 과연 얼마인 걸까?**

이십 대를 함께한 동기, 선배들이 자의 반 타의 반으로 회사를 나오고 있다. 희망퇴직 연령도 80년대생까지 내려온 요즘, 하루아침에 상상하지 못한 곳으로 발령 나거나 퇴사 통보를 받는 경우를 무수히 보았다. 요즘 회사는 빠르게 변화에 대응하고 있고 당신도 그 배에 함께 타고 있다. 배는 더 빨리, 멀리 가기 위해 많은 것들을 버리고 속도를 올린다. 그러나 그 안에 있는 우리는 그 속도와 변화를 잘 인지하지 못한다. 그저 오늘 점심 메뉴가 무엇인지 관심 있을 뿐이다. 지금도 회사의 수뇌부는 다음 행선지를 어디로 해야 좋을지 준비하고 있다. 그렇다면 우리는 어떤 준비를 하고 있는가?

모든 직장인들이 회사라는 같은 공간에서 노동을 제공하며 같은 시간을 소비한다. 그 사이 누군가는 삶의 방법과 요령을 알아가고, 누군가는 오늘 주어진 일을 하고 만족한다. 내 인생도 절반은 학교, 절반은 회사였지만 지금 내가 가진 '사회적 생산성'의 대부분은 회사 안에서 형성되었다. '일을 잘하고자 하는 노력'이 곧 내가 사회적 인간으로 성장하는 기반이 된다. 오늘 홧김에 퇴사하면 그 절반은 얻지 못한다.

물론 세상에 공짜는 없다. 더욱이 회사는 우리가 생각한 것보다 냉정하다. 회사가 직원들에게 왜 이런 교육을 하는지, 이런 직무가 각 직원에게 어울리는지, 우리가 언제쯤 승진을 하고 월급이 올라갈 수 있는지, 그리고 우리의 경력은 어떻게 개발되어야 하는지 회사는 진실을 말해주지 않는다.

우리는 언젠가는 이 배에서 내려야 한다. 배 안에서 생존 준비를 마치고 스스로 목적지를 정한 다음 내릴 것인가, 망망대해에 구명조끼 하나 없이 떠밀릴 것인가. 선택은 우리의 몫이다.

피할 수 없다면 즐기라고 했던가? 엄밀히 말해서 직장 생활은 피할 만큼 끔찍한 것도 아니며 즐길 만큼 만만한 것도 아니다. 나는 군 장교 생활을 포함해 약 14년간 직장 생활을 하고 있는 현직자이자 **밀레니얼 세대의 문을 연 80년대생 '요즘 직장인'**이다. 급변하는 요즘 세대의 끼인 존재로서 함께 생각해보고 싶은 것들이 있어서 이 글을 시작했다.

지금 다니는 회사에서 **'일잘러(일 잘하는 사람)'가 되기 위한 각종 스킬은 '내 인생 생존키트'의 핵심 요소다.** 기왕 들어온 회사인데 누구나 한 번쯤 내가 속한 조직에서 잘나가고 싶다는 생각을 할 것이다. 성취와 인정에 대한 욕구는 인간의 본성이니까. 직장에서 '잘나간다'는 말은 일을 잘한다, 승진을 먼저 했다, 앞으로가 기대된다 등으로 해석할 수 있다. 현재 내가 직장에서 잘나가는 사람인지 궁금하다면 아주 간단한 확인 방법이 있다. 지금으로부터 약 2주간 같은 팀의 팀원 외에 얼마나 많은 실무자가 당신을 찾아왔는지 떠올려보라. 그들은 평소 업무에서는 별 관련 없는, 가끔 보는 사람이어야 하고 한 명일 수도 여러 명일 수도 있다. 찾아오는 이유는 다양하다. 지금 추진되는 일이나 과거에 당신이 했던 업무를 물을 때도 있고, 지금 그들이 추진하는 일에 대해 당신에게 조언을 구할 수도 있다. **만약 아무도 당신의 조언을 필요로 하지 않는다면 당신은 잘나가는 사람이 아니다.** 내가 눈에 띄게 잘나가진 않아도 업무 바보는 아니라고 자신하고 있는가? 긍정적인 사고는 정신 건강에 좋지만 당신이 업무 바보란 걸 당신 혼자만 모를 수도 있다.

전 직장이었던 A사에서 나는 아무 연줄 없이 입사한 평범한 사원이었지만 나름 유명인이었다. 입사할 때 여성임에도 군 장교 출신이라는 이력이 특이했고, 남들이 잘 하지 않는 직무에도 자원했으며, 꽤 적극적이라서 업무 성과도 좋은 편이었다. 개인의 성과가 곧 실적이 되는 개발 직군은 해마다 10~20퍼센트의 인원이 포기할 만큼 성과 우선인 직군이다. 4년간 이 직무를 하면서 매 분기 개발자 종합 순위 맨 앞쪽에 자리했고, 네 번의 개발 업적우수상을 받았으며 MBO^{management by objectives}* 1등으로 동기들보다 빨리 승진했다. 그러다 보니 임

---

*   MBO(management by objectives) 목표 관리/KPI(Key Performance Indicator) 핵심성과지표 : 회사에서 직원을 평가하기 위한 지표로 정량적인 평가 요소가 포함되어 있다.

원, 팀장, 동기들도 내 이름을 아는 이가 많았고, 이름은 정확히 모르더라도 '아, 걔?'라는 정도의 반응이 나올 만큼 내 특징은 알려져 있었다.

그러나 아이러니하게도 직장 생활은 잘나간다고 평가받던 사람이 영원히 승리하는 게임이 아니다. **나 말고 다른 사람이 잘되는 꼴은 보기 싫은 것이 대부분의 조직 특성이다.** 승진이 빠른 사람에 대한 뒷담화에서 업무평가가 공정했다고 말하는 사람은 거의 없다. 걔는 뭐가 있을 거야, 임원이 잘 봐줬겠지, 쉬운 일을 맡은 것 아니겠어? 운이 좋았어, 목표가 낮았을 거야 등 합리화는 풍문을 양산한다. 나 역시 알려진 만큼 욕을 많이 먹었다. 내가 하지도 않은 일을 뒤집어쓰기도 했고 개인사를 공격받기도 했다. 심지어 미혼이었음에도 '걔가 결혼을 했는데 회사에 속였다'는 등의 어이없는 소문이 돌기도 했다. 처음에는 나도 신경 쓰지 않았던 일들이 켜켜이 쌓여 극단적인 생각이 들 만큼 비난이 쏟아진 적도 있었다. 불특정다수의 손가락질은 당해보지 않은 사람은 그 고통을 모른다. 도대체 내가 잘못한 것은 무엇이었을까?

주변의 시샘을 덜 받으면서 기본 업무를 매끄럽게 하고 나

만의 특별함을 살짝 내비치는 것. 자기 어필에도 요령이 있는데 나는 그걸 몰랐다. 아니, 별로 중요하지 않다고 생각했다. 그 작은 불찰로 인해 나는 길다면 길고, 짧다면 짧은 직장 생활에서 인생의 롤러코스터를 탔다. 얻은 것도 많고 잃은 것도 많았다. 처음부터 이 사소한 차이를 알았더라면 겪지 않았을 고통이다.

 일명 **'일잘러'의 업무 센스는 사소함에서 비롯된다.** 나는 지난 경험을 살려서 이 책에 센스 있게 일하는 팀과 각기 다른 세대를 살아 온 구성원들과 함께 지내는 법을 입사 연차별로 구성해보았다. 회사에는 이제 막 사회인이 되어 설레고 있을 예비 신입사원, 우리 팀에서 나만 업무 바보인 것 같은 입사 0~2년차만 있는 것이 아니다. 회사 생활만 남고 나라는 존재는 없어지는 것만 같은 3~4년차. 나름 한 가닥 했다고 생각했는데 새로 발령받은 신입사원보다 못한 자신의 능력에 무력감을 느끼는 5~6년차. 마음 한편에 퇴사 욕구가 살짝 스쳐가지만 늘 팀장보다 제 몫을 하고 있는 7~9년차. 그리고 마지막으로 밀레니얼 세대의 사원들과 어떻게 잘 지내야 할지 막막한 10년차 이상의 직장인과 리더들이 있다. 나는 이 모든 동료들과 함께 생각해보고 이야기를 나누어보고 싶다.

보고의 스킬 중 늘 언급되는 기술 중에 '중간 보고'가 있다. **이 책은 나와 당신, 그리고 이 세상 모든 직장인들의 '직장 생활 중간 보고서'와 같다.** 매일 돌아가는 생계의 쳇바퀴에서 발은 빼지 않은 채, 살짝 고개를 내밀어보는 센스. 아직 사회생활 초년차인 후배들이 진심으로 잘되길 바라는 마음에 이야기해보는 선배의 직장 생활 팁이자 그들과 함께 일하면서 위기감을 느끼는 80년대생 동기들과 나누고 싶은 이야기이다. 책속의 에피소드는 내가 직접 겪은 상황과 주변의 이야기를 함께 활용한 것으로 특정 회사에 한정된 내용이 아니라는 점을 미리 밝혀둔다. 이 글은 그 옛날, 대학을 가기 위해 나의 진로와 적성 따위를 따지지 않고 무조건 들여다보던 수학의 정석이 아니다. **대한민국 직장에서 스스로의 힘으로 버티기 위한 '직장 생활의 비非정석'에 가깝다.** 진심으로 이 땅의 모든 직장인 동료들이 소중한 자신을 보호하면서 회사를 성장의 발판으로 삼을 수 있기를 바란다.

―2020년 여름, M과장

차례 CONTENTS

제1장

출근하자마자 퇴근하고 싶은 나, 정상인가요? : 입사 0~2년차

제2장

**방황한다, 타협한다,
방황한다, 출근한다 : 입사 3~5년차**

제3장

라떼는 말이야, 듣고 있니?
: 입사 6~10년차

출근하자마자
퇴근하고 싶은 나,
정상인가요?

: 입사 0~2년차

회사는 당신의 미래에 관심이 없다

당신의 입사를 축하하며

진심으로 당신의 입사를 축하한다. 취업이 어려운 이 시대에 그곳이 어디든 입사하게 된 당신, 정말 장하다. 앞선 세대보다 더 많은 노력을 해서 얻어낸 첫 번째 인생의 성과다. 이제 우리는 세상이라는 카페에 앉아 있고 우리 앞에는 '직장 생활' 이라는 커피 한 잔이 놓여 있다. 오랜 시간을 기다리고 수많은 경쟁자를 제치고 너무나 힘들게 받은 커피다. 소중한 만큼 얼른 맛보고 싶은 마음을 이해한다. 그러나 헐레벌떡 그 커피를 들이키기 전에 잠시 우리 함께 창가 좌석에 앉아보자. 당신의 커피가 뜨거운지 차가운지 독이 들었는지 당신은 아직 모른다. 그러니 잠시 내 이야기를 들어봐주기를 바란다. 당신이 사원증을 목에 걸기 전에 들어두면 좋을 이야기다. 적어도 지루하진 않을 것이다.

나는 3년 4개월의 육군 장교 생활을 마치고 편의점 브랜드로 잘 알려진 A사에서 첫 직장 생활을 시작했다. 솔직히 처음에는 뭐 하는 회사인지도 모르고 입사했다. 그 회사에 먼저 입사했던 친구가 일이 꽤 재미있다고 해서 일단 지원서부터 넣었다. 서류가 붙고 부랴부랴 준비해서 합격했지만 사실 내 진짜 꿈은 직장인이 아니라 작가였다.

대학생 시절 전국에서 글 좀 쓴다는 국문학도들이 모인 신입생 백일장에서 장원을 수상하면서, 나는 어쩌면 이 알량한 글 솜씨로 먹고살 수도 있겠다는 작은 희망을 보았다. 대학 졸업과 동시에 작은 일간지 신춘문예에 당선되었고, 신입사원 연수 기간에도 지역 문학상의 대상을 받았다. 이쪽에 재주가 없는 것 같지 않았다. 하지만 무명 예비 작가의 인생에 문학상으로는 몇백만 원의 상금과 작은 상패 하나가 남았을 뿐 인생이 달라지는 일은 없었다. 작가의 불안한 삶을 오롯이 견딜 자신이 없어서 취업전선에 뛰어들었다. 그래, 세상을 알아야 멋진 글을 쓸 수 있지, 라며 나름 우아한 핑계를 앞세웠지만 **이십 대 초반을 갓 넘긴 내가 받아들인 건 개인의 재능이 사회적 생산성과 연결되지 않을 수 있다는 사실이었다.**

A사는 문과 출신이 가기에는 연봉도 꽤 높은 편이고 누구나 알 만한 대기업이었다. 장교 생활을 하느라 강원도 두메산골에 있던 내게 서울 시내 한복판에 본사가 위치한 그 회사는 더욱 멋져 보였다. 한 가지 불찰이 있다면 그 회사의 속성을 잘 모른 채 입사했다는 점이었다. 점포 관리가 중점인 A사는 업무 특성상 현장 영업과 사무직의 비율이 거의 9대 1이었다. **우아한 사무직을 기대했지만 현실의 나는 속칭 까대기*는 기본, 물건도 번쩍번쩍 잘 나르고, 청소도 번쩍번쩍 잘해야 하는 신입사원이었다.** 간판을 펴느라 손톱 끝이 다 헤졌다. 손톱에 뭘 칠해놔도 하루를 못 가는 바람에 그때로부터 10년이 넘

---

* 박스테이프를 뜯고 물건을 진열하는 것을 의미하는 유통업계 은어. 점포 매출에 따라서 엄청나게 많은 박스들이 한꺼번에 입고되기 때문에 한 사람이 감당하는 양이 상상을 초월할 만큼 많을 때도 있다. 사무직에 근무해도 유통업계에 종사하다 보면 현장 차출되어 까대기 하는 일이 종종 있다.

은 지금도 네일케어를 하지 않는다. 차에 계약서 꾸러미를 잔뜩 넣고 가맹점 희망자를 옆에 태우고 도로를 질주하다 딱지 끊는 일도 빈번했다. 명품 핸드백은커녕, 검은 노트북 가방을 들쳐 메고 점포 사이를 누비게 될 줄 누가 알았을까? (노트북은 정말 욕 나오게 무겁다.)

나만 그런 건 아니었다. 영업관리는 가맹점주에게 매주 신상품 취급을 읍소해야 하는 갑·을·병 중 '병'이었고, 점포개발은 목적지도 없이 매일 거리를 배회하는 '쩐' 영업이었으며, MD는 말만 유통의 꽃이지 업무의 A부터 Z까지 뭐든 걸 다 해야 하는 만능 일꾼이었다. 업무 특성상 정말 다양한 유형의 사람을 만났다. 수십 개의 다른 인생 경험을 가진 창업 희망자부터, 각자 다른 회사의 상황을 안고 영업하러 오는 협력사 직원들까지. 대부분은 사람 대 사람으로 존중해주면서 일하고, 좋은 분들이 더욱 많지만 서로 다른 목적과 이해관계로 얽힌 사람들인 만큼 때론 날카로워지기도 한다. **"니들은 뇌가 없냐?"** 오늘도 욕설 클레임으로 아침을 여는 유명하신 점주님이 물류, 재무, MD 할 것 없이 거의 모든 부서의 담당자들의 뇌 상태를 운운하며 클레임을 올려두셨다. 뇌가 있으되 가슴이 없

어야 상처받지 않고 일할 수 있는 **우리는 프랜차이즈 회사 직원이었다.**[*]

입사 지원을 할 때 우리가 가장 먼저 고려하는 부분은 신입사원의 첫 연봉이다. 입사 당시 100여 명의 동기들 중 우리가 겪을 현실을 정확히 아는 친구는 거의 없었다. 그저 우리가 서울 한복판에 본사가 있는 대기업에 다니게 되었다는 사실이 감격스러웠을 뿐. 취직이 절실한 이들에게 높은 연봉을 제시하는 회사는 선망의 대상이다. 다만 한 가지 알아둬야 하는 것이 있다. 대외적으로 회사의 성장률과 업계 순위는 신입사원 연봉으로 미루어 짐작하는 경우가 많기 때문에 초봉은 일정 비율만큼 매년 올릴 수 밖에 없는 구조를 띤다. 그러나 재직자의 연봉 인상률은 신입사원의 그것과 같지 않을 수 있다. 높은 연봉을 보고 입사했지만 우리는 다음 해부터 '재직자'가 된다는

---

[*] 일부의 막말 사례를 오해할 수 있을 것 같아서 미리 이야기하지만 합리적이고 신사적인 점주님이 훨씬 더 많다. 다만 국내에 편의점만 4만 개를 넘어가다 보니 점주님들의 성격도 4만 가지다. 그만큼 본사가 잘했다 못했다를 따지기 전에 사람 대 사람으로서 업무 처리 과정에서 상처받는 직원들이 많아지는 것도 현실이다. 대인관계 스트레스로 정신과 진료를 받는 직원도 보았다. 물론 우리의 1차 고객인 점주님들이 화가 날 일을 만들지 않는 게 프랜차이즈 회사 직원의 역할이다.

사실. 잡은 물고기에게 먹이를 더 주지 않는 진리는 회사 생활에서도 적용될 수 있다. 그러나 누구도 이런 중요한 사실은 알려주지 않는다.

연봉 다음 입사의 고려 대상은 성과의 분배와 복지다. 회사가 수익이 난 만큼 직원들에게도 일부 돌려주는 회사가 있는가 하면 그렇지 않은 회사도 있다. 전자의 회사가 많은 사람들에게 회자되며 언론에 자주 나오는 이유는 현실에는 후자가 많기 때문이다. 올해 큰 이익을 내도 내년의 더 큰 이익을 위해 인력을 감축하는 게 회사다. '어떻게 하면 직원들의 승진을 더욱 어렵게 할까?' 회사는 그 중요한 문제를 오늘도 심도 있게 연구한다. 그리고 이제 갓 입사한 0년차인 당신이 눈치채지 못한 그 은밀한 움직임을 이제부터 조금씩 알아가게 될 것이다. 회사는 조직을 마냥 좋아하는 이들과 진실을 알아도 떠날 용기가 사그라드는 이들이 많아지길 바란다.

입사 축하 글이라면서 기운 빠지는 이야기만 한다고 생각하는가? 맞다. 직장 생활은 처음 생각한 것과 정말 다르다. 예상보다 지치고 치사하고 울분이 터질 때도 많다. 그럼에도 불구하고 우리가 이 곳을 꼭 거쳐가야 하는 이유는 **직장에서 나**

의 직업적 능력과 경제적인 기초자산을 급속도로 키울 수 있다는 장점 때문이다. 앞서 말했듯이 퇴사가 빨라지는 요즘, 직장 근속기간은 평균 6.5년, 길어야 10년이다. 입사한 순간부터 노동의 의무를 다하면서 내가 얻어갈 자산을 잘 챙겨야 한다. **학교는 돈을 내고 다녔지만 직장은 돈을 받으며 노동을 제공하는 공간이다. 수많은 직장인 중 '뜻이 있는 자'만이 자신만의 능력을 개발해나간다.** 직장에서의 시간은 빠르게 지나간다. 아무 생각 없이 열심히 일만 하다가 '내가 뭐 했지?' 하게 되는 건 한순간이다.

나는 운 좋게도 이 업계의 핵심 직무라고 불리는 상품개발, 점포개발, 영업관리를 모두 경험했다. 현장직의 고충도 알고 사무직의 답답함도 이해한다. 사람들은 서로 "쟤들은 왜 저런다니?"라고들 말하지만 각자 이유는 다 있다. 단지 우리가 모를 뿐이다. 서로 반대편에 있는 직무를 경험해보면 알 수 있다. '일대다'인 경우에는 정말 살벌하게 물어뜯기도 하는데, 남의 업무를 모른 채 비난만 한다면 동전의 앞면만 보는 편협한 사람이 된다. 그래서 **오랜 시간 하나의 직무만 하던 사람이 리더가 되거나, 실무 경험 없는 사람이 리더로 꽂힌 케이스가 대체로**

최악인 데는 다 이유가 있다. 내가 앞서 언급한 이 업계의 세 가지 핵심 직무를 모두 경험했던 것은 운이 아니었다. 내게 아무 관심 없는 회사 안에서 끊임없이 내가 원하는 것을 요구하고 내 영역을 개척한 결과물이었다. 상대의 영역을 알고 내 경험의 범위를 확장하는 것이 바로 직무의 기초자산이다.

나는 지금의 내 일을 사랑하지만 내가 겪었던 모든 조직을 사랑하지는 않는다. 어떤 곳에서는 따뜻함을 배웠고 어떤 곳에서는 분노를 느꼈다. 첫 직장만 해도 십여 년이 지나서 둘러보니 꽤 많은 수의 사람들이 그곳을 떠났고 누군가는 그곳에 머무르며 다른 인생을 준비하고 있다. 그래도 내가 지켜본 그들의 새 삶은 모두 애증의 그 회사에서 경험한 직무와 지식을 바탕으로 한 것들이었다. 인생에서 **가장 영리하고 열정 넘치던 시절에 경험한 직무는 곧 내 인생의 자산이 된다.** 배운 게 도둑질이라는 말처럼 이 업계 사람들은 퇴직 후 자영업으로 가게를 많이 차리고 운영도 곧잘 하는 편이다. 경험과 배움에 쓸모 없는 것이란 건 없다.

첫 출근하며 설레하는 내게 누군가 지금과 같은 이야기를 해줬다면 지난 10여 년 간의 직장 생활이 좀 더 나은 방향으로 달라졌을 것이라고 생각한다. **회사가 내게 관심이 없어도 나는 회사와 직무와 세상에 관심을 가지며 일해야 한다.** 그래도 이 사실만큼은 달라지지 않는다. **회사는 우리의 미래에 관심이 없다.** 오직 우리 자신만이 우리의 미래를 만들어갈 수 있다. 어쨌든 다시 한 번 진심으로 당신의 입사를 축하한다.

갓 입사한 신입사원을 위한 꿀팁

• 두 가지를 명심하자. **하나, 이곳이 내가 시간을 보낼 가치가 있는가? 둘, 여기에서 무엇을 배울 수 있을까?** 사회초년생이 나의 적성을 모르는 건 당연하다. 적성을 찾기 위한 가장 좋은 방법은 '경험'이다. 나의 상황을 직시하고 사고하되 일단은 현재 주어진 상황과 업무에 최선을 다해보자.

• 김경필 작가의 강연 중 인상 깊은 내용이 있어 옮겨본다. 2017년 기준 대한민국 전체 신입사원의 연봉 평균이 3400~3500만 원, 월급으로 치면 약 260만 원이라고 한다. 월급에서 약 40%인 115만 원을 7년간 불입하면 1억 원이 된다. **신입사원으로 첫 월급을 받**

**으면 그때부터 무조건 40%는 저축하는 것부터 시작
하자.**(유튜브 신사임당 김경필 작가 강의 링크 https://youtu.
be/gkp2H0-ty1I)

• 엄밀히 말하면 당신은 회사의 선택에 의해 입사한 셈
이다. 고로 노동의 대가는 치러야 한다. 직장 생활도
인간관계도 '기브 앤 테이크'다.

• 회사는 당신의 미래에 관심이 없다. 내 미래는 내가 만
든다.

좀 알아보고 지원할 걸

묻지 마 지원서를
남발하면 안 되는 이유

회사 업무와 대학 졸업장의 상관관계는 무엇일까? 최근에는 블라인드 채용도 늘었지만 여전히 대학 졸업장을 보고 사람을 판단하는 경우가 많은 이유는 시간을 들여 서로를 알아가기에는 우리가 너무 바쁘기 때문이다. '졸업장과 스펙을 준비했다'는 것은 곧 그 사람이 '성실하다'는 의미로 받아들여진다. 하지만 사실 영업에 초점을 둔 회사에서는 졸업장이나 영어성적표는 큰 의미가 없다. 영업직 위주의 회사에 지원하면서 금융 관련 자격증을 늘어놓는 것은 불필요한 일이다. 자칫 '나는 이 회사에 입사할 생각이 없지만 일단 지원이나 해본다'라는 의미로 비칠 수도 있다. 회사 인사팀에서도 애써 뽑은 인재가 이탈하지 않도록 리스크를 줄이려고 한다. 지원한 직무와 관계없는 과도한 스펙은 합격에는 오히려 도움이 안 될 수도 있다.

어느 직군으로 가든 영업 감각이 몸에 배어 있는 사람은 업무능력 면에서 좋은 위치를 선점하기도 한다. 유통은 물론 은행이나 증권사도 영업 마인드를 가진 적극적인 사람을 높이 평가한다. 만일 당신이 업무나 인간관계에서 적극적이고 이해력이 좋고 행동도 빠른 편이라면 이런 류의 회사에서 잘 적응할 가능성이 높다. 말도 조리 있게 잘한다면 더 수월하다. 반대로 자신이 그런 성향이 아니다 싶으면 섬세하고 반복적인 다른 직무로 눈을 돌리는 게 맞다. 말주변이 없고 친화력이 낮다면 주변 능력자들 사이에서 금세 치일 수 있다.

모 회사 직영점에는 한 신입사원에 관한 일화가 전설적으로 전해 내려온다. 평소와 다름없이 출근해서 유니폼 조끼를 입고 청소를 하던 신입사원이 어느 순간 자취를 감췄다. 직원이 사라졌으니 본사 직원이 급히 달려왔고, CCTV를 확인해보니 그 신입사원은 유니폼 조끼를 입은 채 조용히 점포를 나가서 다시 돌아오지 않았다. 그 길로 퇴사를 한 것. 아마도 그가 생각할 때 이건 정말 아니라는 결론을 내렸던 것 같다. 그 사람이 처음 회사를 지원할 때 회사 특성과 직무에 대해 면밀히 살펴봤다면 이처럼 황당한 퇴사를 하지 않았으리라고 생각한다. **나와 맞지 않는 분야에 잘못 발을 들이면 최소 몇 개월에서 몇 년에 이르기까지 인생의 소중한 시간을 허비할 수 있다.** 입사 전 혹은 연수 중에라도 직무에 대한 정확한 정보를 얻을 수 있다면 입사 0년차에 알아보길 권한다.

큰 회사일수록 신입사원에게 직무 탐색의 기회를 충분히 주는 편이고, 대체로 두 달가량 되는 신입사원 연수 기간에 각 부문별로 다른 직무를 직접 체험해보는 프로그램을 운영한다. 내 경우에 그때 나와 동기들은 유통에서 절대 빠질 수 없는 물류 파트를 체험하기 위해 물류센터로 향했다. 우리는 매일 상품을 구매하지만 이 상품이 어떤 여정을 거쳐 내 손에 오게 되는지 별로 궁금해하지 않는다. C사가 무슨 물류센터를 몇 개 지었다고 하더라, 투자를 했다고 하더라, 물류가 미래다 등 여러 가지 이야기를 주워 듣지만, 실상 물류의 현실은 어느 유통 채널이나 가장 하드코어 영역에 속한다.

물류센터는 허허벌판이나 도심에서 조금 떨어진 곳에 건물만 덩그러니 있는 경우가 대부분이다. 건물 안에는 여러 가지 상품들이 꼭대기까지 보관되어 있고 건물 앞에는 배송 차량이 주르륵 늘어서 있다. 공간이 워낙 크기 때문에 여름에는 덥고 겨울에는 춥다. 점포의 발주는 오전 10시에 종료되고, 물류에서는 전산으로 받은 발주 수량만큼 점포별로 피킹^picking(담기)하여 배송 차량에 태워 보낸다. 차량은 몇 개의 점포 코스를 돌며 발주된 상품을 하루가 지나기 전에 각 점포에 전달한다. 결국 센터의 업무는 그 차량에 담길 박스를 채우는 일이다.

그렇다면 수천 가지 상품 중에 어떻게 그 점포의 발주 수량을 알아낼까? 예를 들어 한 점포의 코드를 관리 프로그램에 입력하면 그 점포가 발주를 넣은 상품이 있는 칸만 불이 반짝인다. 사람 키만 한 이동 카트를 끌고 다니며 불이 켜진 곳의 상품을 담는다. 혹은 바구니가 레일을 타고 이동하면 불이 켜진 상품을 주문 수량만큼 넣는 방식도 있다. 우리는 간단한 설명만 들은 채 실전 피킹에 투입되었다. 그날 피킹 오류는 최고치를 찍었고 우리의 근육통도 최고치를 찍었다.

당시 물류로 배정된 동기는 세 명이었는데 지금은 거의 남아 있지 않다. 물류부문장이 되겠다며 의지를 불태우던 똑 부러졌던 동기 역시 지금은 그곳을 퇴사했다. 진심으로 그녀가 그 회사의 멋진 물류부문장이 되기 바랐던 나에게 그녀의 퇴사는 매우 착잡한 소식이었다. 회사를 그만둔 요인에는 육아를 비롯한 여러 가지가 있었겠지만 결국 처음 입사할 때의 포부와 직장 생활에 대한 환상이 현실과 맞지 않아서 내려진 선택이었을 것이다.

친분이 있던 채용담당자가 이런 말을 한 적이 있다. 어떤 회사의 생산직은 빵을 만들어야 해서 출근이 새벽 4~5시였는데, 그 회사 인사팀은 그 부문 직원을 뽑을 때는 아무나 걸려라 식으로 그물망 치듯이 공고를 띄우고 간절히 기다렸다고 했다. 물론 직원을 아무나 뽑을 리 없고 그만큼 생산직이 어렵고 힘들어서 좀처럼 사람을 구하기 어려웠다는 이야기였겠지만, 중요한 건 당신이 잘 살피지 않고 내달리다가는 아무도 가지 않는 그물망에 걸릴 수도 있다는 사실이다. '**묻지 마라' 문어발식 지원으로 얻어걸리길 바라면 정말 잘못 걸릴 수도 있다.** 입사하기 전까지는 모른다. 수단과 방법을 가리지 말고 꼼꼼히 알아봐야 한다. 학교에서 하는 직무 강의나 멘토링 기회가 있다면 꼭 참석하고 아주 부담스러운 수준이 아니라면 내가 모르는 다양한 분야에 대해 알 수 있는 강의료, 직무 탐색 비용을 아까워하지 마라. 단 몇 시간의 이야기가 3년의 삽질을 피할 수 있는 '옳은 판단'의 근간이 될 수 있다.

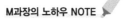

입사 0년차를 위한 꿀팁

• 소위 좋은 대학을 졸업한 신입사원들이라면 '나에게 이런 하찮은 일을?' 이런 생각과 함께 **그동안 힘들게 쌓아온 학력과 스펙이 업무능력과는 별 관련이 없다는 생각에 허탈함을 느낄 때가 많을 것이다.** 좋은 대학은 '나'라는 브랜드를 형성하는 우수한 자원이라는 사실을 부인할 수는 없다. 커피 한 잔을 팔아도 판매자가 고스펙이면 눈길이 한 번 더 가는 건 한국 사회의 현실이기에. 그러나 입사하고 딱 2년 정도는 내가 쌓은 스펙에 대한 생각을 잠시 접어두자. 깊게 생각하면 마음만 아프다.

• 회사의 전반적인 속성이 나와 맞지 않다 싶으면 묻지

마 지원을 하기 전에 충분히 알아보자.

• 입사 후 근무할 환경과 업무 강도도 알아봐야 한다. 추운지 더운지도 모르고 오면 안 된다. 편의점 회사에 들어오면서 사무실에서 일할 것으로만 생각하면 금방 퇴사한다. 해외로 멋지게 다니고 싶어서 항공승무원을 지원하는가? 새벽 비행시간에 맞춰 오전 3~4시부터 공항으로 향하고, 밤낮이 뒤바뀌고 고도가 높은 좁은 공간에서 몇 시간을 꼬박 서서 응대해야 한다. 작은 일에도 끝까지 꼬투리 잡는 고객을 계속 미소로 응대할 자신이 없다면 그 직업 다시 생각해봐야 한다. 직장생활은 현실이다.

• 취준생 및 현직자 모두에게 도움되는 직무강의 툴 : 실명 기반 현직자 멘토링 서비스 잇다, 서울시 취업지원센터와 같은 각 시·군·구에서 운영하는 일자리 포털, 취업포털 캐치가 운영하는 대학생 및 취준생 무료

카페 캐치카페 등. 관심 분야 현직자에게 간단한 질문을 보낼 수도 있고 때때로 직무특강이 열리기도 한다. 무료로 진행되는 강의도 많으니 꼭 찾아 듣자.

• 외부에서 오래 배워도 결국 자세한 직무는 회사에 들어가면 다 배운다. 아나운서, 쇼호스트처럼 실무 완성도가 높아야 입사 가능한 전문직군은 제외하고 입사전에 20만 원 이상의 많은 금액을 직무 교육에 지불할 필요는 없다.

• 특히 작정하고 교육으로 수익을 얻는 협회 혹은 학원에서 이루어지는 고가의 직무 교육은 권하지 않는다. 1~3회 특강만으로도 그 직무의 분위기나 자기 자신과 잘 맞을지 정도의 정보 파악은 충분히 가능하다.

제발 일만 시키면
안되겠니?

신입사원 연수와 무박종주

그룹사 정신교육, 천리행군, 조별 과제, 산악등반, 직무체험 및 공부. 신입사원 연수를 하면서 경험하는 활동들이다. 업무와는 크게 관련이 없어 보이는 이런 활동들은 짧게는 몇 주에서 길게는 두 달가량 이어진다. 캄캄하고 춥고 어둑한 밤을 지나 동기들과 함께 산을 넘어야 할 때도 있다. 꾸벅꾸벅 졸면서 걸어가는 한밤중의 산길을 하루 넘겨 걷다 보면 어느새 어스름 해가 뜬다. 동기들과 떠오르는 태양을 함께 바라보며 서로의 새 출발을 응원한다.

'무박종주'는 하루를 꼬박 새서 산을 넘는 극기훈련의 한 종류로, 어느 대기업의 신입사원용 단골 연수 프로그램이다. 이 훈련을 실제로 경험했던 현 직장 동료는 자신이 행정병이라서 군대에서도 해보지 않은 야간행군을 그 회사 연수 때 경험했다고 말했다. 어느 회사나 신입사원 연수 때면 해병대 캠프 같은 극기훈련을 꼭 하나씩 한다.

한 회사는 여러 사람에게 빙 둘러싸인 채 한두 사람씩 그 가운데 서서 자신이 목표하는 바를 소리치는 방식의 테스트 같은 것을 했고 소리가 작으면 계속해야 했다. 모든 신입사원이 집합해 한겨울에 파카를 입고 눈밭을 뒹굴어야 하는 경우도 있다. 교육의 탈을 쓰고 행해지는 이런 요상한 훈련의 목적은 무엇일까? 답은 단순하다. 바로 팀워크. 실제로 맥락 없이 이어지는 기상천외한 활동들은 팀워크를 위해 진행되며, 이 시간은 나중에 보면 동기라는 동질감을 쌓을 수 있는 거의 유일한 시간이기도 하다.

직장 생활이 쉽지 않은 이유는 회사가 우리에게 일만 시키지 않기 때문이다. 우리는 일 이외에 많은 활동에 참여해야만 하고 그때마다 누군가의 비위를 맞추며 자기 시간을 쓰면서

억지로 앉아 있어야 한다. 거래처 중에 매년 회사 소유의 공원에 나무를 심고 얼음을 조각하는 곳이 있다. 회사 소유라고는 했지만 정확히 말하면 회장님 소유의 공원인데, 그 넓은 공원에는 직원들의 손으로 빼곡히 심어놓은 나무들이 있다. 구성원들의 사기를 진작하고 자연을 사랑하자는 취지에서 직원들이 자발적으로 참여한다는 행사이지만 직원들의 속내는 알 길이 없다. 그 회사에 입사하기 위해서는 면접 때부터 회장님 소유의 산을 등반하는 코스가 있고, 여기에서 우수한 성적을 받은 사람은 면접에서도 가점을 받는다고 했다. 나와 마주앉아 있던 협력사 담당자는 다른 경쟁자들보다 빠르게 산행을 완주한 덕분에 그 회사를 대표해서 미팅 자리에 와 있던 것이었다.

나무를 심고 산을 타는 건 어쩌면 양반인지도 모르겠다. '내가 왜 여기에'라는 자괴감 양산의 대표 주자인 장기자랑은 어디에서든 빠지지 않는다. 워크숍이나 체육대회, 신입사원 연수의 마지막은 보통 장기자랑으로 마무리 된다. 여장을 한 남직원, 어설픈 힙합 복장을 하고 허우적대는 춤사위를 내보이는 사람, 갑자기 등장한 노래 실력자 등 아무런 맥락 없이 진행되는 장기자랑은 군대에서 보았던 그것에서 크게 벗어나지 않았다. 신입사원 연수에서 교육의 마지막은 연극, 춤, 노래, 뮤지컬 같은 공연을 준비하는 회사가 꽤 많다. 사실 신입사원을 위한 공연이라기보다 관객이 될 분들을 위한 쇼에 가깝기는 하다. 준비하는 사람도 힘들고 보는 사람도 민망한 이런 이벤트가 정말 필요한지 이제는 진지한 고민이 필요하지 않을까?

평소 술자리나 회식을 그다지 즐기지 않는 사람이 사회생활을 잘하는 척하려면 좋지 않은 것도 좋은 척해야 하는 고통이 있다. 나는 문학적 감수성이 풍부하고 전시회나 연극 보는 걸 좋아하는 편인데 사회생활에서는 늘 술 잘 먹게 생겼다는 소리를 듣는다. 진짜 주량은 얘기해도 믿지 않는다. 그럴 때마다 어디 술 잘 먹는 관상이 따로 있는지 진심으로 궁금해진다. 아마 말하고자 하는 바를 곧잘 하는 여직원은 대체로 남직원 같다는 평가를 받는 것 같다. 성격과 술이 서로 관련이 있는 걸까? 일과 술의 상관관계는? 일 처리가 그다지 시원치 않은 술 상무가 쭉쭉 승진하는 걸 보면 일 머리와 술 배가 별개로 평가받고 있는 것이 현실이다. 그나마 다행인 것은 코로나 사태 이후 부장님이 마시던 술잔으로 여럿이 돌려 마시는 경악스러운 돌림잔 문화는 사라졌다. 오랜 기간 수많은 '깔끔이' 어린 양들이 말 못하고 받아 마셨던 술잔을 기억한다. 이뿐만이 아니다. 장기자랑이나 체육대회가 열리는 시즌이 다가오면 스트레스 지수는 더욱 급격히 올라간다. **제발, 일만 시켰으면 좋겠는데 불행히도 술자리도 장기자랑도 모두 업무의 일환이다.**

소셜미디어에 무슨 회사 장기자랑, 워크숍, 연말 행사 등의 키워드를 검색해보면 선배들의 모습을 쉽게 볼 수 있다. 어색한 미소 속에 내가 이 나이에 무슨 짓인가 하는 소리 없는 외침, 그래도 해야 한다는 의지를 최대한 끌어모은 손동작. 최근에는 할로윈 파티까지 생기면서 밀레니얼 세대에 맞춰 귀신 코스튬을 하고 어정쩡하게 'V'를 하고 있는 차장님의 짤도 심심찮게 돌아다닌다.

어느 회사는 매년 진행되는 체육대회에 장기자랑 순서가 있고 부문별로 한두 팀은 의무적으로 참여해야 했다. 매년 돌아가면서 준비해야 하는 터라 모두들 제발 올해의 당첨 팀이 우리 팀이 아니기를 간절히 바랐다. 참여 팀으로 선발되면 전문적인 댄스 강사를 불러 퇴근시간부터 몇 주간 합을 맞춰야 한다. 물론 팀에서 연차가 낮을수록 동원될 가능성이 높고, 선임이라고 해도 팀 관리 차원에서 동원되곤 한다. 이미 굳어버린 관절을 풀어내며 안 되는 스텝을 밟아야 하는데 대한민국에서 돈 벌기 참 쉽지 않다. **억울하면 장기자랑 따위 없는 좋은 회사를 차리면 된다. 그럴 수 없다면 일단은 하는 걸로.**

도대체 왜 회사는 업무와 전혀 관련 없어 보이는 일을 시키는 걸까? 회사의 업무는 늘 전년 활동과 실적을 기초로 진행된다. 이전에 하던 것을 하지 않으려면 대안이 있어야 한다. 회사 차원에서는 직원들이 체육복을 입고 환하게 웃고 있는 사진만큼 분위기 좋아 보이는 화합 활동을 찾기 힘들다. 요새 젊은 친구들이 나약하다고 하던데 뭐 좋은 거 없나? 만약 당신이 인사팀 담당자인데 윗사람으로부터 이런 질문을 받았다면 어떤 선택을 할까? **네, 그래서 준비했습니다. 무박종주.** 신입사원 연수마다 해병대 캠프, 극기훈련 따위가 괜히 있는 게 아니다.

물론 최근에는 조금씩 신입사원 대상 프로그램을 변화하려는 움직임이 보이기는 한다. 새로운 교육 프로그램을 도입한 회사들이 신문에 나오는 것은 아직 바뀌지 않은 회사가 더 많다는 현실의 방증이다. 언론에서 접하는 회사에 대한 복지나 진보적인 문화에 대한 것들은 '세상의 이런 일이'쯤의 비율로 현실에 적용되고 있다고 생각하면 딱 맞다.

지금 연수 가방을 싸고 있는 당신에게 알려주고 싶다. **신입 사원 때 공채 교육 시절을 잘 보내는 방법은 너무 '열심히 하지 않는 것'이다.** 눈밭에서 뒹구는 것도, 강의를 듣는 것도, 장기자랑도 너무 열심히 안 해도 된다. 강의 시간마다 맨 앞에 앉아서 노트북에 요점을 정리해서 공부하던 동기가 있었다. 모두들 그가 임원이라도 될 줄 알았지만 그는 현재 그 회사를 퇴사하고 다른 분야로 이직했다. 연수 시절 우리가 들었던 단편적인 지식들은 어차피 실전 현장에 가면 배우는 것들이다. 그때 그것을 몰라도 큰 문제가 없으며 안다고 해도 그 지식은 현장에서는 그다지 쓸모가 없다. 그저 그 시간 한 자리에 모인 동기들과 재미있게 즐기고 좋은 관계를 만들어 이어가면 된다. 너무 경쟁하지 않아도 되고 조바심 내지 않아도 된다. **놀아라. 그 시간이 당신의 꽃 같은 시절의 마지막이다.**

신입사원 연수 & 장기자랑 꿀팁

· 신입사원 공채 교육은 적당히 해도 되나요? 회사마다 다르겠지만 솔직히 그래도 된다. 대체로 신입사원 연수 시절은 인사 평가에 들어가지 않는다. 다만 입사하는 순간부터 평판이라는 게 형성된다. 연수에 온 강연자는 보통 어느 팀 팀장이거나 업무 선임급이다. 언제 다시 만날지 모른다. 엎드려 자거나 휴대폰을 보는 등 예의 없는 태도는 피하는 게 낫고 주변 사람들과 두루 잘 지내는 게 좋다.

· **훗날 팀을 배정받고 난 후, 우리 팀이 장기자랑을 준비해야 하는 차례라면 이왕 해야 하는 거 적극적으로 참여하자.** 더욱이 당신이 막내라면 어차피 피할 수 없다.

같이 끌려 온 선임이 힘들지 않게 능동적으로 도우면 든든한 내 편을 한 명 얻을 수도 있다. 요즘 문화를 잘 모르는 그가 당신에게 의지하는 모습을 보게 될지도 모른다.

• **회사는 체육대회와 워크숍 참여가 자율이라고 공표하지만 사실상 완전히 자율 참여는 아니다.** 인사팀과 팀장, 상무는 참석자와 비참석자를 알고 있다. 한두 번 개인사정으로 빠질 수는 있지만 신입사원이 계속 빠지면 밀레니얼 세대는 어쩌고, 요즘 젊은 사람들은 저쩌고 하는 이야기에 휘말릴 수 있다. 그래도 요즘은 회식이나 워크숍이 예전만큼 많지 않다. 굳이 본인을 뒷담화 주제로 만들 빌미를 스스로 제공하지는 말자. 다들 아니라고는 하지만 이런 단체 활동은 업무의 연장선이 맞다. 입사 0년차는 눈치만 빨라도 반은 먹고 들어간다.

거기 보내지도 않을 거면서
묻긴 왜 물어?

희망 직무와 실제 직무의 괴리

입사지원서에 '희망 직무'라는 걸 기재하는 공란이 있다. 재미있는 건 회사에는 정말 다양한 직무가 있는데, 신입들은 대부분 어디에서 들어본 직무를 주로 적는다는 사실이다. 여자는 대부분 인사, 교육, 마케팅을 희망하고 남자는 기획, 영업을 많이 적는다. 그러나 생각해본 적 있는가? 이 회사에서 내가 희망한 직무에 몇 명이 근무하고 있는지, 그리고 그 직무에 신입사원이 필요는 한지.

자, 신입사원 공채 연수의 직무 체험으로 돌아가보자. A사에서 신입사원은 각자 사업부를 선택해서 지원하고 합격했지만 교육받는 동안 경험해보고 원하는 다른 부서에 TO가 있다면 바꿔서 최종 지원할 수 있었다. 회사에는 다양한 직무가 있다. 자신이 알고 있는 분야와 직무 범위가 매우 작다는 것을 전제로 하고 입사한 뒤에 확인하는 것도 방법이다. 회사는 신입사원에게 연수 기간에 직무를 체험해볼 시간을 주는데, 사실 진짜 그 직무를 알게 된다기보다 이런 게 있구나 정도를 확인하는 용도에 가깝다.

물류나 다른 분야의 체험도 있었지만 내게 가장 인상 깊었던 것은 점포개발 체험이었다. 나 역시 입사하기 전까지는 점포개발, 상권개발이라는 단어를 들어본 적도 없었다. **선배의 강의를 듣고 보니 점포개발은 점포가 없던 곳에 점포를 만들고 창업자를 연결하는 일이었다.** 지금에 와서 생각해보면 개발 직무 체험은 정말 이상한 경험이었다. 한겨울에 잠복근무하는 형사처럼 차량에 앉아 슈퍼마켓에 들어가는 사람을 체크했다. 슈퍼마켓 사장님이 눈치채지 못하게 딴청을 피워가며 사람 수를 세고, 몇몇은 주변의 세대 수를 셌다. 어그부츠를 신었어도 계속 밖을 돌아다니니 발가락이 얼 것 같았다. 우리에게 강의해주던 선배는 밥만 사주고 어디론가 사라져버렸고, 남겨진 우리는 춥고 배고팠다. 결국 점포개발 체험을 마치고 나서 이 사업부에 지원하고자 하는 동기들은 거의 없었다. 지원자 숫자를 보니 이런 이상한 체험을 하고도 이 직무에 흥미를 가진 사람은 나뿐이었다.

직영점 체험에 나선 친구들은 만족도가 좋았다. 일단 따뜻하고 시원하다. 생글생글 웃는 아르바이트생들 사이에서 농담도 좀 하고 손님에게 좋은 상품도 추천할 수 있다. 병원 점포의 경우는 상상을 초월하게 물건이 많이 들어오는데 일례로 공장에서 대량생산되는, 일명 '양산빵'이 롤케이지* 하나 가득 몇 개씩 들어온다. 물이나 음료는 말할 것도 없다. 상품이 입고되는 시간에는 허리도 못 편 채 꼬박 상품을 정리하는 게 힘들지만 물류센터만큼 힘들진 않았다고 했다. 상대적인 만족감. 그래, 우리가 예상하던 업무는 영업관리였어! 체험이 끝나고 희망 직무를 쓰는 시간에 대부분의 동기들은 영업관리를 1순위로 작성했다.

* 물류이동하는 사람 키만 한 이동 카트.

그 당시 우리가 몰랐던 진실이 두 가지가 있다. 하나는 우리가 경험한 직영점 근무가 영업관리 업무가 아니라는 것과 **그때 우리가 작성한 희망 직무는 실제 발령에 아무런 영향을 주지 않았다는 사실이다.** 직영과 개점 직무 체험을 마친 우리를 포함해 거의 모든 신입사원은 영업관리직으로 발령이 났다. **그 회사의 사업부 인력의 80퍼센트는 영업관리직으로 이루어져 있기에 이것은 당연한 결과였지만, 신입사원인 나나 동기들은 그런 간단한 조직 관리의 원리조차 알지 못했다.**

생각해보면 긴 교육시간 동안 업무의 진짜 현실을 알려주는 선배는 없었다. 여러 직무 중에 영업이 나은 것 같은 느낌적인 느낌만 들게 했다. 강의 내내 인사팀 교육담당자가 자리를 떠나지 않는 데는 다 이유가 있었던 것이다. 모든 사람이 인사, 기획, MD와 같은 직무만 한다면 회사는 돌아가지 않는다. 결국 이런 체험에 공을 들이는 이유도 신입사원들로 하여금 자연스럽게 영업에 지원하게 만드는 고도의 전략인지도 모른다. 어쨌든 한 가지 사실은 기억하자. **우리는 회사의 필요에 의해 채용되었다.**

직무 선택 꿀팁

• 직무를 지원할 때는 그 회사의 직무당 인원수를 고려해보자. 정확히 알기 어렵다면 사업구조를 보고 추정해볼 수 있다. 영업관리 업무가 많은 회사인지, 지원 업무가 많은 회사인지. 회사의 구조는 전자공시 사이트를 보면 분기, 반기 보고서 등을 보며 유추할 수 있다.

• 희망 직무는 목표로 두되, 내 뜻대로 배정받지 못할 수 있다는 각오는 늘 하고 입사해야 한다. 회사의 필요에 의해 채용되었다는 사실이 우선이며 해당 팀에서 선호하는 사람이 둘째, 개인 성향과 의사는 가장 마지막이다.

• '블라인드'라는 어플리케이션을 추천한다. 현직자 익명 커뮤니티, 회사별, 직무별, 산업별 카테고리 익명 게시판이 활발한 곳인데 가입 시 회사 메일로 인증을 받아야 가입할 수 있다. 관심 있는 회사에 아는 사람이 있거나, 그 회사에서 인턴 등을 한다면 그 회사의 민낯을 확인할 수 있다. 그 회사 메일이 없으면 다른 회사로 가입해서 해당 직무를 클릭하면 내용 확인이 가능하다. 그러나 최고의 회사로 불리는 곳도 재직자는 불만이 많다는 걸 감안하고 봐야 한다. 어쨌든 너무 충격 받지 말 것. 이곳은 익명게시판이므로 불만사항 위주로 게시글이 오르기 마련이다. 따라서 반만 믿을 것.

업무 바보,
너만 모르는 슬픈 진실

업무를 대하는 올바른 자세

꼰대의 제1언어는 '그거 내가 해봤는데'이다. 모 팀장은 들고 간 것이 무엇이든 저런 류의 이야기를 했다. 사실 업무를 안다는 것은 연차와는 아무 상관이 없다. 1년을 하든 5년, 10년을 하든 업무를 알고자 하는 태도가 없는 사람은 항상 모른다. 오히려 내가 해봤다는 고집 때문에 더 모르고 더 답이 없다. 모르기 때문에 잘못했을 게 자명하다. **회사 내 업무 바보, 생각보다 많다.**

직급 연차가 오래된 사람일수록 모르는 업무에 대한 두려움이 크다. 내가 모른다는 사실을 누가 알까 봐 업무를 떠미는 경우도 많다. **회사에서는 다양한 업무를 동시다발적으로 해야 한다. 그중엔 내가 잘하는 업무도 있고 정말 열심히 해도 잘 안 되는 업무가 있다.** 주특기가 기획인지 엑셀인지 발표인지 콘셉트가 명확하면 나중에 어느 부서를 가게 되더라도 당신을 마다할 일은 없다. 따라서 일잘러는 못 되어도 최소한 업무 바보는 되지 말아야 한다.

편의점 회사에서 맡은 첫 직영 생활. 세상에 이렇게 많은 사람들이 밤에 술을 먹고 인사불성이 되고 바닥에 피자전을 만들어놓고 도망가는지 몰랐다. 담배를 사기 위해 줄을 서는 것도 처음 봤고, 닦아도 닦아도 계속 더러워지는 바닥은 누가 저주라도 부렸나 싶었다. 나랑 함께 배정받은 동기는 나보다도 나이가 많았다. 그는 회사에 좀 늦게 입사한 편이었는데 한참 어린 점장에게 가르침을 받는 신세가 되었다.

한 달이 다 되어갔지만 점장은 유용한 점포 관리의 스킬 따위는 가르쳐주지 않았다. 다른 점포 동기들과 이야기해봐도 우리는 유독 청소나 물건 채우기 같은 단순 노동만 하고 있는 것 같았다. 점장은 우리보다 채용 급수[*]가 낮았지만 이 지역

팀에서 업무 스킬로는 손에 꼽는 유능한 선배였다. 자신보다 높은 레벨로 들어온 후배가 곱게 보일 리 없는 그의 마음을 헤아렸어야 했다. **내가 발령받은 근무지에 먼저 와 있는 모든 사람은 '선배님'이다.** 군 부대 발령 첫날, '자네가 주임원사인가' 하는 소위의 앞날이 밝지 않다는 우스갯소리처럼,** 직장에서도 연차가 많은 아래 직급자들과의 신경전이 심심치 않게 벌어진다. 그저 당신이 처음 어떤 조직에 들어갔다면 직급 여하를 막론하고 모두에게 배울 점이 있다고 생각하는 것이 좋다. 내 스펙 접어두기 2년이면 남의 노하우를 흡수할 수 있다.

---

* 당시 A사는 2,3년제 전문대학 졸업자(이하 전문대졸)와 4년제 대학 졸업자(이하 대졸)의 급수를 나누어 채용했는데, 전문대졸 급수로 채용되면 대졸 급수보다 3년가량 더 근무해야만 대졸 급수 1년차와 동일한 직급을 인정받았다. 급수 채용 제도와 관련해서는 이 책 〈저기, 제 차례는 언제인가요?〉(158쪽) 글을 참고하기.

** 갓 부대에 발령받은 소위는 24~28세 정도의 나이에 장교 훈련만 마치고 배정받아 부대 생활의 실무를 전혀 모르는 상태다. 실무를 알기 위해선 그 부대에서 10~20년 일한 부사관들의 도움이 꼭 필요하다. 그러나 이론으로 배울 때는 장교보다 직급이 낮은 부사관을 부르는 용어도 있고 실제로 아랫사람처럼 대하는 경우도 있다. 눈치껏 나이 지긋한 원사님들 대우도 해주면서 선을 지켜야 군 생활이 편한데, 이론대로 하대하다가 낭패 보는 경우가 종종 있다. 직장 생활에서도 마찬가지다. 짬밥은 무시 못 한다.

편의점은 24시간 돌아가기 때문에 아르바이트생도 3교대로 쓰고 직원도 3교대를 한다. 직원의 근태는 점장이 계획하기 때문에 대부분의 점장은 출퇴근이 가장 편한 평일 1근을 맡는다. 나와 나이 많은 동기는 하루를 다 잡아먹는 2근과 주말 근무를 주로 하게 됐고, 1급 선배는 야간을 주로 맡았다. 실질적인 업무 스킬은 주로 1급 선배에게 배웠다. 그 선배가 몰래 발주하는 법도 가르쳐줬고 편의점은 어떻게 돌아가는지, 무엇을 관리해야 하는지 알려줬다. 지금 생각하면 정말 아무것도 아닌 작은 업무 지식이지만 그때는 그게 무슨 비법이나 되는 양 신기하고 무엇이든 배우는 게 즐거웠다.

　물론 싫어하던 업무도 있었다. '전도'라는 업무로, 그 점포의 예비 비용과 복권 등을 매일 결산하는 일이었다. 문학도에게 수학은 아킬레스건. 내 전도는 늘 잘 맞지 않았다. 급수로 사람 차별하는 점장에게 물어보기 싫은데, 전도가 틀릴 때는 퇴근한 점장에게 전화를 걸어 한심한 질문을 해야 했다. 나도 나름 대학 나와서 똑 부러지게 살아왔는데 왜 우리 점포 전도는 자꾸 안 맞는 걸까? 이런 경우 당신이 못하는 업무가 싫어하는 업무일 가능성이 높은데, 여기에서 멈추면 당신은 업무 바보가 될 확률이 높다.

사무직의 상황도 다르지 않다. 똑똑한 실무자가 여러 차례 직무 프로세스의 문제점이나 보완점을 보고한다고 해도 리더가 업무 바보라면 들은 체도 하지 않는다. 들어도 모른다는 표현이 더 맞을 것이다. 본인이 잘 모르니 잘 아는 선임에게 떠밀거나, 똑같이 팀장 직함을 달고 있어도 직급이 높은 팀장이 자기보다 직급이 낮은 팀장에게 업무를 던지고 가는 경우도 있다. **난 잘 모르겠는데, 이건 너희가 해.** 아랫사람 무서운 줄 모르는 대표적인 업무 바보 상사다. **물어도 정확히 아는 게 없고 궁금해하지도 않는 태도를 가진 선배나 상사에겐 얻을 것이 없다.**

오히려 그런 사람이 주변에 있으면 그 사람이 모르는 그 업무를 당신에게 떠맡길 가능성이 높다. 대체로 최악의 선배는 업무 바보 중에 있다. 이제까지 내가 잘하는 것을 위주로 하면서 살아왔기 때문에 업무에 있어서 자신의 장단점을 잘 모를 수 있다. 회사의 업무는 계속 밀물처럼 밀고 들어오기에 내가 모르는 것을 그때그때 묻고 알고 넘어가지 않으면 계속 모른 채 살아간다. **입사 초기의 업무 태도는 당신의 직무능력을 좌**

우할 수 있다.

몰라서 싫은 업무를 두려워하지 말자. **누구에게든 실무를 아는 사람에게 물어보고 배우자.** 나도 수많은 연습과 질문 끝에 전도도 혼자 척척 해나갈 수 있었고, 바로 그때쯤 첫 근무를 시작했던 그 점포의 점장이 됐다. 나에게 포스 사용법을 알려주던 아르바이트생들도 내가 점장이 된다는 소문에 내 이야기를 좀 더 귀 기울여 듣는 느낌이었다. 점장으로 직영 생활을 하는 건 두 배로 즐겁다.

업무 알기 꿀팁

• 모르는 업무는 최소 두 사람에게 물어보는 게 좋다. 각기 다른 답이 나올 수 있다.

• 한 사람에게 물어본 것을 또 물어보는 것은 실례다. 한 번 알려줄 때 잘 새겨듣고 메모하고 숙지해두는 게 좋다.

• **업무시간은 누구나 짧고 그만큼 소중하다.** 당신에게 무언가를 알려주는 시간만큼, 그는 두 배의 시간을 할애해서 자기 일을 끝마쳐야 한다. 가르침은 항상 고맙게 여기고 업무로든 당신이 할 수 있는 작은 것이든 보답하는 자세를 가지자.

• **내가 잘하지 못해서 싫은 업무도 끝까지 알고자 노력해보자.** 입사 초반에 업무를 대하는 당신의 태도가 정말 평생 간다. 최소한 업무 바보라서 최악인 선배는 되지 말아야 하지 않을까?

• 유연하게 사고해야 한다. 딱 내 업무만, 딱 이 기준까지만, 이런 식으로 일하면 당신도 업무능력이 늘지 않는다. 내 시간을 조금 할애해서 누군가에게 도움을 주면 언젠가는 나도 도움을 받게 되어 있다. 새로운 분야의 지식과 요령을 알게 되는 건 덤이다.

가방 끈보다
짬밥

아이디어를 기획으로 만드는 방법

'나의 획기적인 아이디어로 이 회사를 일으키겠어.' 가끔 이런 사명감을 갖는 신입사원들이 있다. 미안하지만 그 친구들이 낸 아이디어는 이미 몇 년 전에 모두 한 번씩 생각해보거나 혹은 검토해보았으나 더 추진할 필요가 없는 것으로 결론이 난 아이디어인 경우가 많다. 기발함과 창의력도 물론 중요하다. 신입사원의 열정은 이해하지만 '1인분' 역할을 하기 전까지는 일단 좋은 아이디어는 개인적으로 간직하는 게 좋다.

유통회사는 가는 사람 잡지 않고 오는 사람 막지 않는다. 아무리 대기업이어도 많이 퇴사하고 많이 입사한다. 대부분 고도의 기술이나 지식이 없어도 잘 교육시키기만 하면 할 수 있는 업무이기 때문이다. **직무의 난이도가 낮은 직장에서는 당신의 가치도 다소 낮아질 수밖에 없다는 걸 인정하고 가야 한다.** 물론 합격의 기쁨으로 심취해 있을 때는 나의 가치 같은 건 고려 대상도 아닌 걸 안다. 합격 전화를 받고 곰곰이 생각해보자. 여기에 합격했다면 다른 곳에도 합격할 확률은 올라간다. 아무 연락이 없다면? 열심히 다니자.

회사에서 볼 때 입사 0년차는 이등병과 같다. 외부에서 아무리 좋은 경력을 가진 사람이라고 해도 그 회사에서 쌓는 연륜이란 건 무시 못한다. 군대에 가면 서울대 출신도 처음에는 어리숙한 것과 똑같은 이치다. 특히 대기업에 취직하면 교육을 정말 오랫동안 받는다. 답은 간단하다. 대학생 DNA를 직장인의 그것으로, 이 회사의 일원으로 바꿔놓기 위한 물밑 작업인 셈이다. 참고로 이런 정신 교육은 해마다 한다. 교육을 하고 또 해도 실제로 근무하며 2~3년 체화되는 시간을 거쳐야 '진짜 직장인'이 되기 때문이다. 학생에서 직장인이 된다는 것은 어떤 의미일까? **아이디어 측면에서는 내 것을 온전히 내**

프로젝트로 만들 수 있는 힘이 생기는 것이라고 생각한다.

나는 점포 개발업무를 처음 맡았을 때 창업설명회를 하는 유관부서를 옆에서 보면서 한 가지 아이디어를 생각해냈다. 장교 출신이었던 점을 살려 전역, 퇴역 군인들을 대상으로 우리 회사 창업설명회를 하면 좋겠다고 생각했고, 이 아이디어를 정리해 기획팀에 전송했다. 얼마 뒤 실제로 한 퇴역 장교 행사에서 회사의 창업설명회가 개최됐고 장교 출신 점포개발자들이 설명회에 참석해 성황리에 행사를 마쳤다. 비록 1회로 끝났지만 생각만 하던 아이디어가 현실이 된 순간을 처음 경험해본 나는 일의 뿌듯함을 느꼈다.

하지만 얼마 지나지 않아 이 업무 진행에 있어서 내가 아이디어를 제공한 부분은 완전히 배제됐다는 사실을 알게 됐다. 뒤늦게 이건 좀 너무하지 않은지 기획팀 과장에게 따져 물었지만 내게 돌아온 답은 "너 그렇게 안 봤는데?"라는 소리였다. 그가 처음부터 추진해왔던 업무였다면 그렇게 말하는 게 맞지만 내 기억에 당시 연간 계획에 그 행사는 없었다. 만약 내 아이디어를 단초로 기획한 일이라면 말이라도 누구의 아이디어를 기반으로 기획한 일이라고 보고하는 게 옳은 일이었다. 물론 어디까지나 이상적인 생각일 뿐 현실은 다르다.

아이디어를 제공했다고 가점을 더 받는 것은 아니다. 그저 이 사람이 직무에 이런 애정을 가지고 있구나 어필할 수 있는 것뿐인데, 0~2년차 사원에겐 그런 작은 어필의 기회마저 묵살되기도 한다. 당시 내가 할 수 있는 건 없었다. 지금이라면 이의 제기 당시의 관련 품의서나 기획서를 그 자리에서 보여달라고 하고 날짜만 정확히 확인했으면 될 일이다. 그러나 당시에는 기획부서에 근무해본 적이 없었고 직급이 한참 낮았기 때문에 업무의 절차까지 확인할 용기도 없었고 방법도 몰랐다. 그래서 다양한 분야에서 일해보고 업무에 대해 아는 것이 중요하다. 프로세스를 모르면 반박조차 할 수 없다.

10여 년이 지난 일이지만 그날 이후부터 지금까지도 내 아이디어를 지키며 일하는 방법을 고민하며 일하고 있다. 역으로 내가 추진하고 있던 업무에 누군가가 아이디어 하나를 투척하고서는 모든 공이 자신의 것이라고 주장할 수도 있기 때문이다. 그래서 자신의 아이디어와 성과를 지키기 위해 업무 증빙을 품의서나 메일로 공공연하게 남기는 것은 언제나 중요하다. **반대로 남의 아이디어를 존중하는 것 역시 성숙한 업무**

태도다. 나는 일을 진행할 때 누군가의 도움을 받으면 항상 정리 메일에 '○○가 **이런 도움을 준 덕분에 진행됐다**'라는 코멘트를 꼭 넣는 편이다. 바쁜 업무 와중에 나를 도와준 것에 대한 고마움의 표시이자, 아이디어 제공자에 대한 예의라고 생각한다. 메일에 고마운 사람 이름 넣는다고 돈 드는 것도 아니다.

지금 그때를 돌아보면 신입 시절 내 아이디어는 그 과장의 현실적인 계획 덕분에 실현된 것일 수도 있다는 생각을 해본다. 입사 0~2년차에 좋은 아이디어를 온전히 나만의 기획으로, 결과로 만들어내기란 거의 불가능하기 때문이다. 그럴 때는 한 발 양보하고 조언을 구하고 처음부터 함께 만들어가는 것도 방법이다. 그리고 훗날 내가 그 과장과 같은 실무자의 위치가 되었을 때 열정과 아이디어를 가진 신입사원을 만난다면 그 사람을 존중하면 되는 것이라고 생각한다.

사회의 때가 묻지 않았을 때 떠오른 번뜩이는 아이디어가 있다면 파일로 잘 정리해두자. 그리고 업무가 손에 익었을 때 다시 열어보자. 아마 절반은 별로일 것이고, 나머지 절반은 담당자로서 실현해야 한다고 보면 엄두가 나지 않는 아이디어일 확률이 높다. 회사라는 곳이 참 희한한 게 아이디어를 낸 사람에게 업무를 맡기는 경우가 종종 있다. 한참 만에 봐도 좋은 아이디어이고 내 업적으로 만들 수 있다면 그때 밖으로 꺼내 말해도 좋다.

선배의 가르침에는 지름길이 있을 뿐 그것이 진리는 아니다. 그래도 당신에게 더 도움이 되는 방법은 **선배 말은 반은 겸손히 새겨듣고 한 번은 배운 대로 해보고 나머지 반은 흘려듣는 것이다.** 아이디어는 당신의 연차가 어느 정도 쌓였을 때 당신의 내공을 담아 발전시켜도 기회는 충분하다. **모나지 않기, 배우려는 자세, 그리고 자발적인 적극성.** 신입사원은 이 세 가지면 예쁨 받으면서 남의 노하우를 흡수할 수 있다. 팀장이 나보다 좋은 대학을 나오지 못했을 수 있고, 맨날 혼나는 저 대리는 진짜 좀 멍청하다는 생각이 들 수도 있다. '지금 같으면 입사도 못했을 사람들이!'라고 생각하지 마라. 나의 필요에 의해 선배를 존중할 필요가 있다고 생각하면 덜 억울하다. 주변에서 배울 수 있는 게 무엇인지 잘 살피고 당신이 유능해지면 된다. **회사는 가방 끈보다 짬밥이다.**

신입사원 생존 꿀팁

• 신입사원의 제1덕목은 사람들과 잘 어울리고 겸손하게 배우는 자세다. 그 누구도 아닌 나 자신을 위해서.

• 인간은 본능적으로 나보다 잘난 인간을 싫어한다. 공채 교육부터 신입 1년차까지 개성은 잠시 접어두는 게 낫다.

• **선배가 두 번 사면 후배도 한 번 사보라.** 속 좁게 들리겠지만 당신에게 무언가를 사주는 선배도 똑같은 월급쟁이다. 세금 떼면 한 달에 받는 월급은 별 차이가 없다. 한 잔당 4~5천 원하는 커피숍에 가자고 하는 후배들 중에 자기가 돈을 내겠다고 생각하는 후배는 많

지 않다. 매번 점심식사 후 우리 팀이 코스처럼 가는 커피숍, 오늘은 괜찮다고 하며 가지 않는 선배, 왜 가지 않는지 생각해봤는가? 그 선배가 아내에게 받는, 혹은 정해둔 한 달 용돈이 20~30만 원일 수도 있다. 그저 선배든 후배든 사회에서 만난 내 친구다 생각하고 더치페이 하는 마음으로 대해보자. 내가 선배를 어여삐 여기면 선배도 후배를 어여삐 여긴다. 선배가 후배에게 줄 수 있는 건 커피보다 더 값진 것이 많다. 그의 노하우의 전수 여부는 후배의 태도가 결정한다.

굳이 내가 해야 하나?

하지 않아도 되는 일을
해야 하는 이유

신입사원 초기에는 너무 빨리 개성을 드러내지 않는 게 좋다고 이야기했지만 몇 개월이 지나고 업무가 손에 익으면 조금씩 자기 자신을 드러내도 좋다. 아직 배우는 단계지만 팀에서 고민하고 있는 문제에 도움이 될 만한 자료를 준비한다거나 작은 아이디어를 내보라. 선배들이 당신을 조금 달리 볼 것이다. 아주 작은 일이라도 자발적으로 하는 것은 남들이 보기에도 다르고 스스로에게도 좋다.

　점장이 된 뒤 제일 재미있었던 건 내 의도대로 상품 진열을 바꿔서 더 많이 파는 것이었다. 비타민 워터가 처음 출시되었을 때 스티로폼 상자를 준비해서 비타민 워터를 그 안에 넣고 얼음을 채워 팔았다. 진열을 바꾸자마자 평소와 대비해 비교할 수 없을 만큼 판매치가 늘었다. 협력사 직원이 와서 진열 사진 한 번만 찍게 해달라고 부탁하기도 했다. 생각이 돈이 되는 과정을 직접 확인할 수 있다는 건 즐거운 경험이었다. 적성 발견이랄까? 지금도 돈이 되는 상품을 찾고 개발하는 일을 재미있게 하고 있는 걸 보면 반은 맞는 것 같다.

자발적인 작은 시도가 중요한 이유는 이 과정에서 자신의 적성과 흥미를 찾아갈 수 있기 때문이다. 엄마가 시켜서 해야 하는 공부는 하기 싫은데 내가 관심 있는 책은 찾아보게 되는 것과 비슷하다. 아르바이트를 하면서도 여러 가지 상품을 팔아봤지만 그때는 정말 매뉴얼대로 판매했었다. 하지만 회사는 내가 주인의식을 가지면 얼마든지 창의력을 발휘할 수 있는 공간이고 어느 정도는 그럴 수 있게 허락해준다.

회사 동료가 들려준 또 하나의 일화에도 업무 자발성의 사례를 엿볼 수 있다. 나름 일을 잘한다고 소문난 사람이 있었는데, 그런 그가 새로운 업무의 체계를 잡아가는 TF팀에서 일하게 됐다. TF팀은 고정적인 업무를 담당하고 있는 게 아니라 현황을 조사하고 체계를 구성하는 업무를 담당하기 때문에 업무의 강도가 매우 세거나 약하거나 둘 중 하나다. 실적의 레이더망에서 벗어나 있어 실적 압박을 받는 부서보다 상대적으로 수월한 일상을 보내기도 한다.

그 팀이 업무 체계를 거의 다 잡을 무렵, 팀원들은 업무 강도가 약해져서 소소하게 즐거운 나날을 보내고 있었다. 그때 그 사람은 인사이동을 신청했다. **"이제 이 팀에서 제 역할이 모두 끝난 것 같습니다. 제가 여기에서 시간을 보내는 것은 회사에도 의미가 없을 테니 부서를 옮겨주십시오."** 그렇게 일이 편해져서 모두가 쉬쉬하고 있을 때 그는 더 일할 수 있는 곳으로 부서를 옮겼다. 몇 년이 흘러 그는 당시 연봉의 3배가 넘는 금액을 받으며 다른 곳에서 일하고 있다는 소식을 전했다. 굳이 옮기지 않아도 될 부서를 나온 선택은 늘 자신이 할 수 있는 업무를 찾아다닌 그만의 업무 방식이었다.

사실 "제가 뭘 하고 싶은지 모르겠어요" 하는 사람이 의외로 많다. 나 역시 내 개인적인 취향 이외에 업무에서의 나의 적성이라면 여전히 정확히는 파악하지 못했다. 사회 초년생이라면 모르는 게 당연하지만 입사 5년차 이상이라면 알고 있는 것이 좋다. **회사에서 시키는 업무만 하면 자신이 뭘 좋아하는지 발견하기 어렵다.** 왜 이 따위 것을 시키지? 하는 생각이 들 수 있지만 약간의 주체성을 더해 생각을 바꿔보는 게 어떨까? 업무의 적성은 그냥 얻어지지 않는다. 회사라는 울타리 안에서 무언가를 시도하고 실패하고 성취하면서 비로소 내가 이런 분야에 흥미가 있는지 알게 된다. **평생 돈 내고 공부했는데 이제부터는 '돈 받으면서 공부한다'고 생각하면 즐거울 수 있다.**

소소한 후기 하나. 직영 점장 시절, 패기 있게 시작한 얼음 상자 비타민 워터는 오래가지 못했다. 매주마다 오는 본사 관리자로부터 이렇게 팔면 법적으로 문제가 되기 때문에 안 된다고 해서 곧바로 정리했다. 그러나 그 일로 신입사원 연수에서 동기들이 잘 모르고 희망한 영업관리의 본질이 뭔지 알 수 있었다. 이렇게 점포와 시기에 맞게 변화를 줘서 매출을 올리는 컨설팅이었다. 물론 회사라는 이익 집단에서는 뚝딱뚝딱 이번 주에 할 일을 쳐내고 당장 결과를 만들어내야 내가 살기 때문에 우아하게 본질을 고민하고 있을 시간이 없다. 안타깝지만 그게 현실이다. **그래서 아무도 당신에게 기대하지 않는**

신입사원 시절에 여러 가지 시도와 실패를 해보라고 권하고 싶다. 직무 능력은 자발적으로 발휘하는 '업무의 개성'을 통해 성장한다.

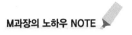

커리어패스를 준비하는 꿀팁

• 커리어패스란 나의 직무와 연차, 연봉을 내가 컨트롤
하는 것에서 출발한다. 회사 생활 5단계를 위한 발판.

• **일이 살짝 손에 익으면 내가 굳이 하지 않아도 되는
일을 한두 개씩 찾아서 해보자.** 그건 회사를 위해서도
돈을 위해서도 아니다. 당신의 적성을 찾기 위해서다.

• 지금 내가 소위 말하는 '꿀보직'에 있다면 잘 생각하
자. 여기에서 남는 시간에 다른 걸 할 건지, 아니면 더
배울 수 있는 다른 곳으로 갈 건지. 1년 이상 놀다보면
회사도 당신이 놀고 있음을 안다. 회사에서 당신이 노
는 걸 가만 놔둘 리 없다.

직무 경험과 연애 경험은 많을수록 좋다

업무의 블루오션에 대하여

업무에도 블루오션이 있다. 남녀의 비율이 현저히 다른 직무, 위치가 멀어서 기피하는 근무지 등이 그에 해당한다. 남들이 가지 않는 데는 여러 가지 이유가 있지만 반대로 회사는 그런 분야에 관심을 가지고 자발적으로 지원하는 사람에게 혜택을 주는 경우가 있다.

유흥가 인근 점포의 점장 생활을 안정적으로 하고 있을 때였다. 재미도 있고 일단 편했다. 그런데 그 무렵 고매출 입찰 점포인 공항 점포가 오픈했고, 회사는 처음해보는 해당 지점의 높은 매출을 감당해야 했다. 점포 안정화가 우선이라 사람을 더 뽑으면 되는데 일이 너무 힘드니까 아르바이트생도 계속 그만두고 나갔다. 결국 밀려드는 물건과 고객에 직영점 직원들이 차례로 돌아가며 근무를 서며 괴로운 나날을 보내고 있었다. 공항으로 지원 가는 날을 다른 어떤 고매출 점포로 지원가는 것보다 더 싫어했을 정도로 그 지점은 모든 근무자들의 기피 대상이었다.

내가 공항 점포로 지원을 갔을 때라고 해서 다르지 않았다. POS 계산대에 서면 화장실도 못 갈 만큼 사람들이 끊임없이 몰려들었다. 바나나우유를 매대에 두세 줄 가득 채워놓아도 관광객들이 도착하면 무리 지어 들어와 싹 쓸어갔다. 물론 힘들었지만 좋은 점도 있었다. 새로 입찰받은 곳이고 공항이라 부대시설이 매우 깔끔했다. 초반에 자리 잡는 업무가 좀 힘들어서 그렇지 체계가 안정된다면 깨끗하고 편리한 부대시설이 있는 좋은 근무지라고 생각했다. 팔리는 아이템들이 일반 점포와 달라서 거기에서만 판매되는 상품을 살펴보는 재미도 있었다. **결국 나는 그 당시 기피대상 1호, 공항지점의 점장으로 가겠다고 자원했다.** 누구를 점장으로 보낼지 골머리를 앓던 직영팀에서는 옳다구나 하고 곧바로 나를 발령냈다.

공항으로 가는 길은 멀었다. 처음으로 원거리 지원이라는 것도 받았다. 그곳에서의 점장 생활은 나름의 재미가 있었다. 지역 특성상 야간 근무자가 잘 그만두고 이런 저런 소소한 일들이 있었지만 유흥가와는 또 다른 매력이 있었다. 블루오션에 주목한 결과가 바로 나타나는 건 아니지만 직영팀에 내가 업무를 곧잘 하고 다른 일도 시켜볼 만한 사원이라는 인식을 심어주기에는 충분했다.

점포개발자로 발령받을 때도 마찬가지였다. A사가 창립한 이래로 여성 점포개발자는 시도만 있었을 뿐 그동안 지원자가 없었다. 여자는 여기저기 돌아다니면서 영업하는 일에는 적합하지 않다는 편견 때문이었다. 내가 점포개발 업무를 할 때의 일이다. 회사 근처 윤락가 중간에 우수한 입지의 점포가 있어 야간 상권조사를 할 일이 있었다. 그날 유독 걱정이 많았던 팀장님 전화를 여러 번 받았다. 또 한 번은 중국인 노동자들이 거리에 진을 치고 있던 상권을 조사해야 했는데 그곳은 다소 험한 동네였다. 정작 조사 담당자인 나는 크게 신경 쓰지 않았지만 외부에서 바라보는 걱정 어린 시선이 많았다. 당시 조사했던 그 점포들은 지금도 해당 구 단위에서 매출이 역대급으로 잘 나오는 곳들로 손꼽히고 있다. 특히 그 중국인 노동자들이 많은 상권의 점포를 오픈했던 점주 분은 그 점포 하나로 인생이 달라질 만큼 수익을 얻었고, 그때 나는 네 번째 업적우수상을 받았다.

누구에게나 기회는 있다. 나보다 앞선 선배들에게도 몇 번의 제안이 있었다고 들었지만 대부분은 이왕이면 따뜻하고 편안한 사무직을 선호했을지 모른다. **남들이 관심 갖지 않는 곳에 대한 호기심은 비교 우위의 성과를 가져다주기도 한다.** 나 외에 여성 점포개발자 두 명이 더 있었는데 그들 역시 업무상 좋은 성과를 냈고 지금도 회사 생활에서 남들보다 좋은 기록을 쌓아가고 있다. 성비가 불균형한 직무는 업무 특성상 불균형했던 이유가 있지만 세상에 사람이 못할 업무는 없다. 남자 간호사, 남자 승무원, 스턴트우먼, 여군 등 성별의 비중이 작거나 없는 분야에 도전하는 것만으로도 블루오션에 진입하는 효과를 볼 수 있다.

남들이 기피하는 곳에 지원하는 건 좋은 업무 평판의 시작점이 되기도 한다. 이제 겨우 1~2년차인데 조금 실패한다고 누가 뭐라고 하는 사람은 없다. 지원해보고 자신과 맞지 않으면 다른 발령지를 요청하면 된다. 설령 그 직무에서 성과를 많이 못 내더라도, 자신의 평판을 위한 소기의 성과를 올리지 못하더라도 얻는 게 있다. 회사는 연차가 쌓이면 쌓일수록 다양한 직무 경험을 하기 매우 어려워지는 구조다. 승진 연차에 걸리거나 누락하면 부서 이동은 더 어렵다. 결혼 적령기일수록 아무나 만날 수 없으니 한 살이라도 어릴 때 많이 만나봐야 한다는 연애의 진리와도 통한다. **커리어패스는 입사 초기의 적극성이 절반이다.**

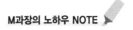

M과장의 노하우 NOTE

입사 1년차를 위한 커리어패스 꿀팁

· **업계에서 성별 최초는 의미를 가질 때가 많다.** 직무 수행에 있어 남녀 구분은 사실 들여다보면 차이가 없는 경우가 대부분이다. 남성 비율이 높은 회사에서는 남자가 많은 직무에서, 여성 비율이 높은 회사에서는 여자가 많은 직무에서 다른 성별로서 두각을 나타내보자. 다만 '최초'라는 타이틀에 만족하지 말고 최선의 성과를 내줘야 진짜 편견을 깰 수 있다.

· **모든 업무는 남자라서, 여자라서 잘하는 게 아니다.** 업무 역량은 성별보다는 사람에 따라 다르다.

· 직무 경험과 연애 경험은 많을수록 좋다. 한 살이라도

어릴 때, 뭣 모를 때 해보자. 다양한 실무 경험이 곧 자산이다. 단, 최소 3년간의 직무 경험은 필수다. 입사 초년생이라면 한 회사, 한 직무에서 3년 정도는 버텨보길 추천한다. 직무나 산업의 큰 틀에서 점프업 할 수 있는 최소한의 경력 인정 기한이 3년이기 때문이다.

• **남들이 기피하는 분야도 유심히 한 번 살펴보자.** 남들이 모르는 좋은 점이 있을 수 있다. 공항지점의 꿀단지는 다른 근무지에는 없는 공항 상주 직원 휴게실이었다.

• **기회는 누구에게나 있다. 다만 그 기회를 자신의 것으로 만드는 건 어디까지나 당신 몫이다.**

이 발령,
인정할 수 없습니다!

인사 발령을 받아들이는 자세

신입사원 연수 마지막 날, 기나긴 교육이 끝나고 각자의 첫 점포를 배정받았다. 공채 교육 마지막 날 발표되는 첫 근무지. 근무지가 전국구에 퍼져 있다 보니 묘한 긴장감이 감돌고 모두들 웅성거린다. 대부분은 집 근처 직영점으로 배정받지만 운이 나쁘면 지방이나 스키장 등 먼 곳으로 발령 나기도 한다. 어떤 동기는 거주지가 서울인데 지방으로 발령이 나서 물어보니 그 도시 인근의 대학을 졸업했다고 했다. 가맹점 특성상 전국에 퍼져 있기 때문에 거주지와 근무지가 일치하지 않을 수도 있다. 회사도 직원을 최대한 배려하지만 관리해야 하는 점포의 수가 직원 수보다 많은 경우에는 어쩔 수 없이 누군가는 지방으로 가야 한다. 신입사원들은 술렁이고 회사는 고민에 빠진다.

유통회사와 보험회사처럼 영업력이 강하고 지사가 전국에 포진된 회사는 대부분 장교 출신을 선호하는데, 이유는 단 하나다. 그들이 이보다 더 극한 상황을 경험해봤을 거란 추측 때문이다. 왠지 힘든 일을 시켜도 군소리 없이 잘할 것 같고 어디 도망가지 않을 것 같다. 사실 군대가 생각하는 것만큼 '절대적으로' 엄청나게 힘들고 고통스러운 곳은 아니다. 물론 경험은 상대적인 것이고 기억도 오래될수록 퇴색되는 터라 고통의 정도는 개인차가 있을 수 있겠다. 그러나 적어도 내가 경험해본 군대는 그곳도 다 사람 사는 곳이고 좋은 사람도 있고 이상한 사람도 있는 직장이었다. 누군가 내게 '그래서 어디가 더 힘들어요?'라고 묻는다면 군대와 일반 기업을 모두 경험해본 기준으로 '둘 다 장단점이 있다'고 말해주고 싶다. 어디가 됐든 분명한 사실은 **남의 돈 받는 건 다 힘들다.**

차이가 있다면 군대는 개인의 자유가 좀 더 제한적일 수밖에 없다. 해외여행은 사단장 승인이라 마음껏 다닐 수 없고, 주말에도 위수지역(근무지)을 이탈하면 징계를 받는 보직도 있다. 공보 장교였던 나는 사건이 터지면 30분 안에 부대로 복귀해 언론 대응을 해야 했다. 위수지역 이탈은 당연히 불가능해서 주말에 동네 작은 산에 올랐는데, 마침 그때 내부에서 사건이 터지는 바람에 곤욕을 치른 적이 있다. "너 그 산에서 30분 안에 복귀할 수 있어?" 당시 보좌관의 질문에 난 할 말이 없었다. 내 주말에 등산도 못 가나, 서러웠을 뿐. 그날 그렇게 혼쭐난 뒤로 산은 취미로도 오르지 않는다. 대체 왜 사건사고는 금요일 밤이나 토요일 오전에 터지는 건지. 그런 날이면 주말을 완전히 반납해야 했다. 하여튼 근무지가 도시에서 멀고 훈련도 잦은 터라 그 사실 자체만으로도 군대는 청춘들이 희생을 강요당하는 직장인 것이 사실이다. **개인의 자유조차 제한되는 군에서 발령에 대한 이의 제기는 불가능하다는 건 말할 것도 없다.**

군에서와 마찬가지로 민간 기업에서도 **근무지를 정하는 일은 내 힘으로 할 수 없다.** 회사에는 연고지가 아닌 곳에 발령난 직원을 배려하는 정책이 있긴 하지만 **개인적인 네트워크가**

전혀 없는 곳에 일만 하러 이동한다는 건 돈 몇 푼으로 보상할 수 없는 청춘의 희생을 의미한다. 내게 큰 잘못이 없어도 회사가 필요로 하는 곳에 배치될 수 있다. 그럴 때 회사는 말한다. "난 너희들에게 책상을 내주지는 못할 것 같다. 너희는 10년 넘게 현장 근무만 할 수도 있고 정말 먼 곳으로 근무지가 바뀔 수도 있는데 괜찮지?" 괜찮지 않고 엇나갔던 여러 사례를 경험한 회사일수록 보다 강한 멘탈의 지원자를 찾게 된다. 대한민국 병장 출신인 임원과 팀장들은 그 시절 '우리 부대' 소대장을 기억한다. '열악한 근무지에서도 강한 멘탈과 책임감을 가졌던 그 같은 사람이 바로 우리 회사 격오지의 적임자다! 상명하복의 절대복종을 2년이든 3년이든 넘게 견딘 사람이라면 이 정도 근무 여건은 버틸 수 있지 않겠나.' 이렇게 생각할 수 있다. 회사가 바다에 있든 북한에 있든 근무지가 있다면 누군가는 그곳으로 가야 한다. 그게 내가 될 수 있고, 심지어 어떤 때는 정말 하루 아침에 발령이 결정 나기도 한다.

하지만 이러한 회사의 특성을 역으로 생각하면 취업과 승진의 기회가 보인다. 여러 지역에 지사를 둔 탄탄한 회사의 인사팀에서도 수도권이 아닌 지역은 인력 충원을 늘 고민하기

때문이다. 일부 소재지를 지방으로 이동한 공기업이나 한국전력이 그 대표적인 예다. 만약 강원도에서 나고 자랐는데 그곳에 거주하고 있는 사람이 있다면 강원지사에 필요한 인력이 있을 때 그보다 좋은 조건을 가진 사람이 있어도 그 지역 출신을 채용하기도 한다. 면접장에서 내가 어디로 배치를 받아도 잘 해낼 수 있다는 인상을 풍기면 좋은 점수를 얻을 수 있다. 물론 면접장에서 만난 팀장이 입사 후 정말 나의 팀장이라면 머나먼 곳으로 함께 배정될 가능성도 있다. 다만 면접장에 들어오는 면접관은 보통 상무와 인사팀장 정도이니 그럴 가능성은 매우 희박하다. 5퍼센트 정도는 현직 팀장이 참석할 가능성이 있지만 안심하고 나의 패기를 보여주자.

요즘은 사회 초년생에게 발령지를 강요하는 분위기는 사라지는 추세다. 보통은 멀리 발령을 내야 할 때 해당 사원의 의사를 먼저 묻는다. 특히 신입사원이라면 더더욱 배려하는 편이기도 하다. **우리가 예뻐서가 아니라 입사 0년차가 어떤 행동을 할지 예측이 안 되기 때문이다.** 실제로 본인이 거부 의사를 밝힌 보직으로 발령이 난 한 사원이 팀장을 부당 인사 조치로 신고한 사례가 있었다. 퇴사를 각오하고 지른 엄청난 일이었는데 결과적으로는 아직까지 회사를 잘 다니고 있다.

그래서 회사는 인사 이동에 자기 희생을 자발적으로 선택한 직원을 고마워한다. 여러 사람을 효율적으로 구성해야 하는 조직이기 때문에 조직을 위해 자신의 편의나 시간을 양보하는 사람에게 좀 더 혜택을 주는 건 어찌 보면 당연한 결과다. 냉정하게 다른 능력으로 어필하기 조금 부족하다면 때로는 희생 전략도 무기가 될 수 있다. 발령에 발끈하기 전에 내가 무엇을 선택했을 때 더 많은 이득이 될지 생각하고 협상해보자. 남들보다 직급 연차를 1~2년 앞당길 기회가 될 수도 있다.

발령을 받아들이는 마인드 팁

• 발령 시 발령 당일에 통보받을 수도 있다. 이런 경우 누구나 충격에 휩싸일 수밖에 없다. 나의 행선지를 발령 공고를 보고 알게 되는 경우가 생각보다 많다. 퇴사 통보도 하루 아침에 이루어지는 세상이니 발령이라고 다를 것 없다. 충격은 하루면 충분하다. **발령받은 다음 날부터 변경된 직무로 업무 모드를 변경해서 프로페셔널한 모습을 보여주자.** 잘린 게 아니라면 업무 수행 정도에 따라 기회는 또 찾아온다.

• 근무지가 내 예상보다 너무 먼 경우에는 협상할 줄도 알아야 한다. 때로는 발령을 근거로 승진을 약속받는 경우도 있다. 물론 승진을 약속받고 먼 근무지에 자원

했는데 그 약속의 당사자이자 약속을 실행해줄 상사 또한 먼 곳으로 이동해 돌아오지 못했다는 슬픈 전설도 있으니 상황을 잘 보고 판단해야 한다.

• 처음에는 스키장이나 리조트로 발령받은 동기들을 위로했지만 나중에 이야기를 들어보니 그곳이 손에 꼽는 좋은 근무지였다. 본사에서 멀어서 감시하는 눈도 없고 힐링도 되는 장소라서 좋았다고 한다. 어떤 직원은 지방 소도시로 발령받았다가 그 지역 건물주 딸과 결혼한 사례도 있고, 제주도에 발령받은 직원은 출퇴근용으로 구입한 아파트가 대박 난 사례도 있었다. 아직 우린 입사 0~2년차다. 발령으로 인한 지역 이동이 달갑진 않지만 피할 수 없다면 한 번쯤 경험해봐도 나쁘지 않은 일이라고 생각해보자. 인생에서 어떤 일이 일어날지는 아무도 모른다.

• 내가 원하는 직무와 근무지가 있다면 그것은 남들도

원하고 있을 확률이 매우 높다. 모두가 원하는 곳에서는 뛰어난 사람을 찾는다. **발령이 어디로 나든 그 자리에서 최선을 다해야 다음이 있다.**

• 내가 정말 원하지 않는 직무에 발령 난 경우라면 그날부터 업무는 확실히 하면서 건의해볼 수 있겠다. 의견이 받아들여지지 않는다면 중요한 것은 절대 홧김에 그만둬서는 안 된다는 점이다. 이직 팁은 제3장을 참고해주시길.

도와줘!
달빛 칼퇴 천사

야근으로 무엇을 얻을 것인가

"제 사수는 집에 갈 생각이 없는 것 같아요." 한 신입사원이
고민 상담 메일을 보내왔다. 일을 다 마친 퇴근시간, 사수가
집에 가지 않자 신입사원의 고민은 시작된다. 야근이란 내 일
이 남아 있으면 하고 아니면 하지 않으면 된다. 이 단순한 명
제를 누군가는 심각하게 고민하고 있었다. 멘토링은 재능기부
와 같은 개념의 비경제적 활동이지만 신입사원들의 진심 어린
질문을 마주할 때면 나도 다른 차원의 가르침을 얻기도 한다.
어정쩡한 위치의 개구리에게 너에게도 올챙이적 시절이 있었

음을 상기시켜준다고 해야 할까? 회사의 리더도 막내도 아닌 중간자가 된 지 오래인지라 내게는 잊힌 고민이었다. 그의 고민을 마주한 오늘, 밤 늦게까지 이 글을 작성하는 달빛 칼퇴 천사의 칼퇴론을 풀어본다.

칼퇴근을 방해하는 요소는 3가지다. 무능한 나, 못난 상사, 더 못난 회사. 업무에는 절대 양이 있고, 그것을 쳐내는 속도는 개인마다 다르다. 업무가 익숙해지고 나서도 야근을 하는 사람은 본인이 무능한 것이 아닌지, 정말 업무가 1인분 이상이어서 버거운 것인지 돌아볼 필요가 있다. 둘 중 어느 쪽이라도 도움의 손길이 필요하다. 꼭 무능하지 않더라도 새로운 직무를 수행하게 되면 야근을 하는 게 일반적이다. **새로운 업무를 보다 빠르게 습득하기 위한 야근은 '나를 위한 야근'이자 '생산적인 야근'이다.**

언제까지 "인수인계를 못 받았는데요?"라고 둘러댈 것인가? 전임자 평계는 2주면 충분하다. 상황이 어떻든 야근을 해서라도 새 업무는 빨리 내 손에 쥐는 게 낫다. 애초에 인수인계라는 건 바라지 않는 게 정신 건강에 좋다. 개중에는 잘 정리해서 전달해주고 가는 사람도 있지만 대부분은 핵심은 빼고 형식적으로 알려주거나 아무것도 알려주지 않는 경우가 태반이다. 정말 단 한 개의 파일도 넘겨주지 않고 카테고리만 인수인계하는 케이스도 겪어봤다. 바로 아래층으로 이동해 가면서도 "난 파일 원래 다 지워서 하나도 없는데?"라고 말하던 그 사람. **나는 그날부터 전임자는 원래부터 없던 존재라고 생각했다.** 생각을 바꾸고 나니 마음이 편해졌고 조금 오래 걸려도 차근차근 내 스타일대로 업무의 체계를 잡아갔다.

사실 전임자로부터 그 어떤 유용한 파일을 많이 받아도 결국 자신이 직접 만들지 않은 파일은 잘 보지 않게 된다. 핵심 파일을 주지 않는 자의 인성을 그저 불쌍히 여기고 나는 그러지 않으면 될 일이다. 그렇게 데여본 덕인지 나는 A사를 **퇴사할 때 하루 이상 꼬박 투자해 후임자가 찾기 쉽도록 폴더를 정리하고, 주마다 시즌마다 해야 하는 업무를 정리했다.** 내일 모레 퇴사하는 애가 뭘 그렇게 열심히 하냐며 궁금한 듯 지켜보던 사람들. 진심인지 농담인지는 알 수 없지만 한 선배는 꼼꼼히 인수인계를 준비하는 나의 모습이 아름다웠다고 했고, 후임자는 내게 고맙다고 했다. 이 회사에 다시 올 것도 아니었고 그 후임자가 나와 친한 사람도 아니었지만 내가 겪은 전임자와 같은 사람은 되지 않았다는 사실이면 충분했다.

사회 초년생으로 돌아간다면 퇴근은 타의에 의해 결정되는 경우가 많다. 야근을 권하지 않는 회사 분위기, 퇴근을 흔쾌히 받아들이는 선임과 팀장이 있는 곳이라면 이 문제는 고민거리도 아니다. 하지만 대한민국의 많은 회사가 칼퇴근을 곱게 보지 않는다. 가라고 하는 눈빛에서 뭔가 꺼림직함이 느껴지거나 퇴근 시간으로부터 몇십 분, 한 시간이 지나도 먼저 가라는 말을 하지 않는다면 눈치껏 앉아 있는 게 왠지 맞는 것 같은 느낌적인 느낌이 온다.

퇴근 시간, 엉덩이가 들썩이는 사회 초년생들의 고민을 끝낼 단 하나의 질문은 바로 이 문장이다. **"야근으로 무엇을 얻고 싶은가?"** 나 역시 퇴근을 고민하던 시절이 있었다. 직장 생활 연차는 꽤 되었는데 현장에서만 일하다가 사무직으로 발령받고 보니 그 몇 주간 나는 참 쓸모 없는 인간이었다. 네가 일을 잘해서 여기 왔니? 어 그래, 어디 한 번 해봐! 일 좀 한다는 평판은 오히려 내게 업무를 알려주는 사람은 없는 상황을 만들었다. 배움이 절실한 시기였지만 날 가르쳐주기에는 다들 너무 바쁘기도 했다. 게다가 내 사수는 말이 별로 없었다. 내게 시키는 것도 딱히 없고, 뭘 해야 하는지 물어도 답도 잘 하지 않았다. 나는 그날부터 사수가 퇴근할 때까지 무한정 기다리며 이것저것 만지작거리고 뒤적거리며 시간을 보냈다. 몇 시간 내내 5년치 서류에 도장만 찍은 적도 있다. 도장 찍는 소리가 크다고 혼나면서 미련한 야근을 하기도 했다. 퇴근하고 싶은 마음은 굴뚝같았지만 그 사수를 기다리는 게 내가 업무를 배울 수 있는 유일한 길이라고 생각했다.

예상은 적중했다. 밤 10시경, 선배는 자신의 일이 모두 끝나고 주변에 다른 팀 사람들도 거의 자취를 감출 때쯤, 노하우랄 것도 별로 없는 몇 가지 업무 팁들을 알려주었다. 사실 지금 생각하면 아주 일반적인 것들이었지만 그마저도 잘 몰랐던 나는 열심히 받아 적고 숙지했다. 그때 내가 야근으로 얻고 싶었던 건 업무 지식이었고, 사수가 가르쳐주고 싶은 마음이 들게 하는 데 야근이라는 도구가 필수였다. 회사에 충성하고 비난을 혼자 속으로 삭이고 같은 야근러를 기다리는 게 의리라고 생각하던 세대의 선배였기 때문이다. 그렇게 나는 6개월의 고난의 시간을 겪고 업무가 조금 손에 익고 난 뒤부터는 그동안 정말 하기 싫었던 야근을 하지 않기 위해 업무를 빠르게 쳐내기 시작했다.

달빛 칼퇴 천사의 칼퇴론

점심 길게 먹느니 그 시간에 미리 일 끝내고 칼퇴하자.
야근을 위한 야근, 사내 정치를 위한 야근은 하지 않는다.
내가 필요하면 야근이라도 한다.
P.S. 연차휴무는 단 하루도 남기지 않고 소진한다.

나는 매년 휴무를 단 하루도 남기지 않고 다 쓰는 연차 소
진론자였으며 누구보다 정확한 칼퇴러였다. 비록 업무는 미련
한 야근으로 습득해야 했지만 내 기본 성향은 프로 칼퇴러였
던 것. **야근으로 얻을 게 없다면 당당히 일어나라.** 회사도 팀
원도 팀장도 영원하지 않다. 당신이 해야 할 도리를 다했다면
꿀릴 것은 없다. **회사에 남아 있는 사람 중에 누군가는 정말
일이 있어서 야근하고 누군가는 야근하는 자신을 봐주길 바
라며 야근을 한다.** 일이 없어도 남아 있는 것은 미덕도 의리도
아니다. 지금부터 이런 야근을 '미련한 야근'이라고 부르자.

모두 그런 것은 아니지만 대체로 근무 연차가 오래되고 조

직에서 실력 없이 버티기로 유명한 사람들 중에 미련한 야근러가 많다. 그가 지금까지 살아있는 비결이 이것이다 보니, 딱히 하지 마라 말릴 수도 없다. 물론 그런 사람이 우리의 선임, 팀장이라면 이제 선택해야 한다. 미련한 야근을 같이 해서 무언가를 얻을 것인가, 아님 그들과 함께하는 1년을 버릴 것인가. 회사가 무능한 사람을 안고 가는 건 길어야 1~2년이다. 버티면 그는 그 자리에 없을 확률이 높다. 사회초년생이라면 전자가 현명하다.

누군가에게 고통을 주지 않는 사람이 되자. 못난 자들이 모여 '더 못난 회사'를 만든다. 요새는 칼퇴를 권장하는 회사가 많지만 회사의 칼퇴 권장이 진심이라고 생각하진 않는다. 다만 시대적 분위기가 있고 정부의 권고도 있으며 좋은 회사라는 타이틀도 하나 달고 싶어서, 큰 회사일수록 진심인지 모를 칼퇴를 권장하긴 한다. 'PC-OFF' 제도도 만들고 인사팀을 동원해 퇴근 점검을 하기도 한다. 늘 당연한 야근에 시달리던 우리 같은 N세대가 볼 때에도 이런 분위기는 환영할 만한 일이다. 그러니 이런 시대에 빈말이라도 칼퇴하라고 말하지 않는 회사에 다닌다면 이직 준비를 차근차근 하라고 권하고 싶다.

그 회사, 참 못난 회사다.

그러나 **당분간 못난 회사에 계속 다닐 수밖에 없는 상황이라면 야근 문화라는 우물에 짱돌을 던져보자.** 내가 대단한 위치에 있는 것은 아니지만 난 내 자신에게도 후배들에게도 야근을 권하지 않는다. 깔끔하게 자기 근무시간에 일 다 끝내고 칼퇴하는 사람이 일을 더 잘한다고 믿기 때문이다. 매번 담배 피우러 나가서 자리에 없고, 점심밥 1시간 이상 먹는 사람치고 일 잘하는 사람이 드물다. 낮에 놀고 야근계를 올리는 경우도 많다. 눈치 보지 않고 퇴근하고, 쉬어야 할 때 쉬는 것은 나부터 할 수 있다. 물론 리더가 움직이면 더할 나위 없이 좋고, 중간 직급인 한두 사람이 그 팀과 부문의 퇴근 문화를 만들 수 있다. 다람쥐 쳇바퀴는 야근과 칼퇴라는 두 개의 통이 서로 다른 위치에서 다르게 움직인다. 깔끔한 업무 처리와 칼퇴의 선순환 구조에 과감히 들어서야 한다. 그러기 위해선 야근의 쳇바퀴에서 내려와야 한다.

다시 질문해보자. **칼퇴를 해서 얻는 것과 야근으로 얻는 것, 어느 것이 더 중요한가?** 미련한 야근으로 누군가의 호감을 사고 그것이 승진이나 업무 지식과 연관이 된다면 일정 기간은 할 수도 있다. 개인의 선택이다. 생산적인 야근으로 나를 발전시키겠다, 그 역시 좋은 선택이다. 이 모든 야근은 하지 않으며 오늘 저녁 가족들과 시간을 보내는 게 더 중요하다고 생각한다면 그것도 매우 가치 있는 선택이다. 고민의 중심은 '내가 무엇을 더 중요하게 생각하는가'에 있다는 말이다.

최근에 텀블벅에서 애니메이션 〈달빛천사〉 OST가 26억 딜을 모아 화제가 되었다. 추억의 노래 '한 방'으로 일주일 만에 26억 원을 버는 시대다. 생산적이든 미련하든 야근이란 건 다 집어치우고, 퇴근 이후에는 제2의 인생을 준비하는 게 맞을지도 모른다는 생각이 든다. **퇴근 이후의 시간을 어떤 방향으로 보낼 것인지도 나의 선택이다.** 그 선택이 무엇이든 내가 중심이 된다면 엉덩이 들썩이며 느끼는 짜증이 조금 줄어들지 않을까? 이건 달빛 칼퇴 천사가 주는 진짜 조언이다. '나의 마음을 담아' *

* 〈나의 마음을 담아〉는 〈달빛천사〉 OST 수록곡이다. 〈달빛천사〉는 15년 전 인기를 끈 일본 애니메이션으로, 삽입곡 리메이크 앨범 발매를 위한 크라우드 펀딩이 화제였다.

M과장의 노하우 NOTE

칼퇴 요정의 퇴근 꿀팁

- 밉지 않은 칼퇴 요정이 되는 꿀팁1: **자기가 맡은 업무는 빈 틈없이 꼼꼼히 다 끝내고 가자!** 매번 칼퇴하는데 업무는 다 밀려있고 엉망이다 싶으면 누구도 예쁘게 볼 수 없다. 권리는 의무를 다할 때 찾아먹을 수 있다. (해야 할 일 다 안 하고 도망가는 사람한테 뭐라고 하는 것은 꼰대 아닙니다. — N세대 중간자 대표)

- 밉지 않은 칼퇴 요정이 되는 꿀팁2 : 내 일을 다 끝냈고 퇴근 시간이 다 되었다. 그런데 사수가 가지 않는다. 그럴 때 무표정으로 "내일 뵙겠습니다"라고 꾸벅 인사하고 가는 것보다 훨씬 예쁜 말이 있다. **"제가 도와드릴까요?" "제가 도울 게 있을까요?"** 보통은 없다고 할 것

이다. 사실 선임은 당신의 도움이 거의 필요 없다. 그게 핵심이다.

• 가끔 퇴근 무렵에 선임이 도움을 요청하면 흔쾌히 적극적으로 돕는 게 낫다. 더욱이 이런 경우 당신이 선임을 돕기보다 배우게 되는 경우가 더 많다. 그날 함께한 야근은 인간관계든 업무능력이든 당신의 자산으로 되돌아온다. 당신의 선임이 그 회사 오너의 자녀가 아니라면 그도 역시 빨리 일을 끝내고 퇴근하고 싶은 직장인일 뿐이다.

제 2 장

방황한다, 타협한다, 방황한다, 출근한다

: 입사 3~5년차

양반 집을 고르는
노비의 자세

회사의 급여, 복지에 대해

회사에서 자세히 알려주지 않는 것이 세 가지가 있다. **인사, 돈, 노동법.** 입사한 지도 꽤 됐으니 이제는 돈, 임금에 대해서 살펴보자. 입사나 이직 전까지 치열하게 고민하고 견주던 연봉이지만 막상 결정하고 나면 급여명세서도 잘 열어보는 일이 없다. 돈에 초연해서가 아니다. 어차피 열심히 급여명세서를 들여다본다 한들 달라지는 게 없다는 체념에 가깝다. 일단 **기준부터 잘 잡아보자. 먼저 기본급.** 계약서로 체결하는 연봉은 세전 연봉이다. 만약 4천만 원을 받기로 했으면 보통 거기에서 10퍼센트 정도는 각종 보험료로 공제되기 때문에 연봉 나누기 13~14 정도 하면 실제 월 수령액이 거의 맞다. 그중 1은 추석과 설에 나눠서 나온다. 처음에는 나도 월정급여와 상여금도 구분을 못했다. 쉽게 말하면 매월 지급되는 돈, 추석과 설에 나눠서 지급되는 돈 정도로 생각하면 된다. **급여 공제는 소득세, 주민세, 고용보험, 국민연금 등이 나라에서 정한 비율대로 공제된다.*** 여기에서 국민연금은 어딘가에 소속되어 일하면 소속기관과 근로자가 함께 불입하는 형태인데, 연금이란게 아주 나중에 찾게 될 돈이지만 매월 받는 금액은 작아도 큰 이슈가 없으면 끊임없이 쌓이는, 휴가를 떠나도 차곡차곡 쌓이는 돈이다. 직장인의 유일한 장점이자 프리랜서가 직장인을 부러워하는 포인트다.

시장에서 카드를 내밀면 사장님이 싫어하는데 그 이유를 생각해본 적이 있을까? 자영업자의 경우 현금은 소득 누락이 가능하기 때문이다. 반면 **직장인은 투명 지갑이라 소득 누**

---

* 유튜브 〈M과장〉, '직장인과 자영업자 모두를 위한 셀프 4대 보험 계산법' 영상에 보다 자세한 급여 공제 항목을 올려 두었으니 참조.

락이 불가능하다. 지하 경제 현금 소득을 잡아내고자 현금영수증이라는 걸 도입했지만 아직도 작은 사업장에서 현금영수증을 해달라고 하면 10퍼센트 더 내라는 영업체도 있다. 법이 약해 신고해도 별 소용은 없다. 그저 억울하면 카드도 현금영수증도 잘 해주는 사업장을 이용하는 편이 낫다. 귀찮으면 500원짜리도 기꺼이 카드를 받는 편의점으로 가자. 편의점도 카드 수수료를 내는 것은 동일하지만 사업구조상 사업장의 모든 소득을 신고하는 성실납세자로서 고객이 현금영수증을 발행하지 않은 현금 소득까지 모두 자동 신고된다. 그래서 고객이 현금영수증을 해달라고 해도 별로 싫어하지 않는다. 직장인의 월급이 투명 지갑이었다는 건 스스로 개인 사업을 해보고 나서야 체감하게 된다. 사업자들이 괜히 비싼 돈 주고 세무사를 쓰는 게 아니다. 퇴사 전까지 모를 수 있는 세계, 미리 공부해둬도 좋다.

그럼 이제 **업무상 활동비를 들여다보자.** 한 지역을 담당하는 각기 다른 회사의 개발 담당 직원들이 모여 함께 점심식사를 할 때가 있다. 필드에서는 경쟁자이지만 밥상을 마주하고 앉을 때야 직장인인 것은 서로 마찬가지이고 자연스레 활동비 이야기를 나누게 된다. 연봉 다음으로 중요한 현장직의 활동비. 식비, 전화비, 교통비, 유류대 등 시시콜콜해 보이는 이런 항목들이 모여 한 달에 몇만 원에서 수십만 원 차이가 나기도 한다. 영업직이라면 회사 차량을 지급하는 곳에서 일하는 것이 좋다. '회사 브랜드 로고가 붙은 소형차를 어떻게 타고 다니지? 그건 좀 부끄러운데?'라고 생각하지 말고 냉정하게 생각해보자. 차량은 시간이 지날수록, 더 많은 거리를 운행할수록 가치가 기하급수적으로 떨어진다. 또한 거리당 충분한 유류대가 지급되는지, 차량감가상각비는 매달 얼마나 책정되어 있는지, 유류대는 이동 거리 기준으로 실비 지급인지 월별 위치 기준으로 산정하여 정액으로 지급되는 것인지 미리 따져볼 수 있으면 충분히 비교 검토하는 것이 좋다. 활동비는 입사하기 전까지는 알기 어려운 세부적인 부분이라서 유사 업종 재직자끼리 만나거나, 현직자에게 질문할 수 있는 웹사이트를 이용하는 것을 추천한다.

회사 일을 위해 사용되는 비용을 개인에게 은근히 전가하는 회사는 생각보다 많다. 실 지출비용을 부정 사용하는 경우도 종종 있기에 관리가 필요한 것은 맞지만, 평범한 대다수의 회사원들은 회사 업무를 위해 돈을 써야 하는 때가 있다. 일을 위해 개인 돈을 쓰는 것도 한 두 번이다. 관리하는 협력사만 50곳이 훌쩍 넘어가는데 그들의 경조사비부터 소소한 커피값까지 개인 돈을 지출해야 한다면 불합리하다. 이 집 양반들이 밥은 먹이면서 사람을 부리는지, 노예 집 곳간 털어서 양반 집 배를 불리려는지, 활동비를 보면 회사가 직원을 어떻게 생각하는지 유추해볼 수 있다.

이왕이면 다홍치마, 복지. 변변치 않은 복지와 말하기 민망한 수준의 성과급에도 항상 대외적인 이미지는 늘 최고인 회사도 있다. 회사가 직원을 아끼는 마음이란 기사나 마케팅으로는 알 수 없는 영역이다. 자사 제품 구매에 단 1원의 혜택이 없어도 자사 제품 구매를 권장하기도 하고, 회사 업무에 개인 돈을 사용하는 것을 미덕으로 여기는 회사도 있다. 사랑의 기본 원칙은 먼저 베푸는 것에서 시작한다. 주지도 않고 바라기만 하는 연인 관계는 오래가지 못하는 것처럼 회사도 직원의 일방적인 사랑과 충성만을 바라던 시대는 끝났다.

탄탄한 복지는 자사 제품 구매 증대와 대외 이미지 상승이라는 두 마리 토끼를 다 잡을 수 있다. C사 계열은 직원들이 자사 드럭스토어 이용 시 30~40퍼센트 할인, 영화 할인 혜택, 자사 음식점 할인 혜택이 있으며, D사 계열은 유명 커피브랜드 30퍼센트 할인, 백화점, 마트 할인 등 파격적인 자사 브랜드 이용 시 복지 혜택을 가지고 있다. E사는 월요일 1시 출근과 도서 무한 지원 등의 복지로 유명하다. 중소기업이나 스타트업 회사 중에도 직원 복지에 특히 신경 쓰는 곳들은 웬만한 대기업보다 나은 곳도 있다. 어느 치킨 브랜드는 결혼하는 직원들에게만 복지가 편중되는 제도를 싱글 직원들에게도 유사한 수준으로 진행될 수 있도록 개편하기도 했다. 국가도 선뜻 못 해낸 싱글 복지를 기업이 해내기도 한다. 이런 사실을 알게 되면 치킨을 한 번 시키더라도 이왕이면 싱글도 사랑하는 브랜드를 먹어주리라 하는 마음이 든다.

복지는 우리가 좀 더 노력해서 더 좋은 회사로 가고 싶은 이유가 되기도 한다. 워낙 취업시장이 어렵다 보니 직원에게 아무 혜택을 주지 않아도 올 사람은 많다고 생각하는 회사도 있기는 하다. 치마도 없는데 그것이 다홍색인지 회색인지가 문제랴. 그러나 회사는 알아야 한다. 시작은 어디에서나 할 수 있어도, 인재들은 작은 차이에 떠나기도 한다는 사실을. 누구든 내가 합당한 대우를 받고 있지 못하다는 생각이 들면 떠날 생각하는 것은 당연한 일이다. 회사의 수익과 위상이 업계 최고라면 복지도 어느 정도는 그 수준에 맞춰가는 게 인지상정이다. 학교를 졸업하고 나면 남들에게 별로 자랑할 일도 기회도 없다. 오랜만에 만난 지인들 앞에서 자사 계열사 할인받을 때, 별것 아닌 것 같아도 애사심은 샘솟기 마련이다.

주인 맴맴, 성과급. S전자는 성과급으로 차를 샀다더라, 집을 샀다더라 하는 '카더라 통신'은 들어봤지만 대부분의 직장인에게 성과급으로 그런 일들은 거의 일어나지 않는다. 성과급은 말 그대로 '회사의 기준'에서 성과가 발생해야 주는 돈이다. 취업준비생들이 가고 싶은 회사로 손꼽는 회사들 중에는 분명 종합적인 경영 성과가 났는데도 성과급을 지급하지 않은 곳도 있었다. 성과급 0원이었던 그해 마지막 날, 주주들이 배당잔치를 하고 임원 성과급이 억 단위라는 걸 알고 있는 임직원들은 조용히 분노했다고 들었다. 억울해도 어디에 호소할 수 없다. 성과급 지급은 정말 주인 마음이다.

목표를 많이 높이고 비용을 많이 빼면 직원에게 성과급을 주지 않아도 될 만큼의 성과지표가 산출된다. 무일푼의 성과급에 구성원들은 분노하겠지만 대부분은 별수 없이 그곳에서 계속 일하며, 매년 마음을 졸이며 주면 다행이라는 생각을 하게 된다. 회사의 수익 달성과 수익 배분은 결코 같지 않을 수 있음을 알아야 한다. 억울한 능력자라면 내 능력을 더 인정해주는 곳으로 가면 된다. 말처럼 쉽지 않은 현실을 회사도 잘 안다.

가끔 이직을 하면서 기본 급여를 거의 올리지 않고 성과나 여타 다른 요소들로 연봉이 인상되게끔 맞춰주겠다는 경우도 있다. 매년 우리가 이만큼의 성과급을 받았기에 더 높은 급여라고 말하지만 이것이야말로 복불복이다. 실제로 직장인들 사이에서 업무와 급여 여건에 대한 평판이 늘 좋았던 한 협력사에서 성과급이 현저히 적게 나갔던 적이 있다. 물론 회사의 성과가 나지 않아서 성과급이 안 나가는 것은 당연한 일이다. 그러나 앞서 기본급여 인상 대신 다른 요소로 연봉 인상이 되도록 하겠다는 말을 믿고 회사를 옮긴 경력직들에게는 청천벽력 같은 소식일 수밖에 없다.

우리가 누군가에게 노동을 제공하고 살아가야 한다면 주인집 마인드가 어떤지 잘 살필 필요가 있다. 이 와중에도 직원을 업계 최고로 대우해주려는 회사가 있고, 명성과 성장률에 비해서 직원 대우는 최악에 가까운 회사도 있다. 어느 회사의 수준이 어떤지는 그 회사에서 이직해 온 경력자들의 만족도를 보면 알 수 있다. 그들이 현 직장에 만족하고 있다면 적어도 전에 몸담았던 회사보다 지금이 낫다는 의미다. 직장인의 바람은 소박하다. 비슷한 일을 한다면 보다 쾌적한 환경에서 일하고 좀 더 나은 조건에서 소비를 하고 어제보다 나은 생활을 하고 싶을 뿐이다. 회사들이여, 소탐대실하지 마라.

회사 생활 생존 꿀팁

• 회사에 입사하기 전에 그 회사의 연봉 기준과 함께 복지, 그리고 직원을 대하는 태도 정도는 알아볼 필요가 있다. 조금만 알아보면 그 업계 최악의 회사 정도는 거를 수 있다.

• **유용한 앱 추천 :** 크레딧잡(연봉 정보), 잡플래닛(회사 분위기, 복지 수준 파악 가능) 등.

• 당신이 이직을 준비한다면 급여는 지금 받는 총 연봉 혹은 원천징수금액의 10~20% 가량 올리는 것을 기준으로 하고, 가급적 기본급여를 올리는 것을 추천한다. 홈택스에서 원천징수세액 조회가 가능하다.

월급쟁이로 좀 더 살아야 할 상황이라면 남이 퇴사한 이야기는 부러워하지 않는 게 낫다. 특히 퇴직 상태에서 이직을 한다면 연봉 인상은 어려울 수 있다. 이직은 재직 중에 하는 게 백 번 유리하다. 너 아니어도 나 만날 사람 많아. 그러니까 잘해. 항상 연애의 기본 자세를 잊지 말자.

억울하지 않은 팀플레이

무임승차 할 것인가, 함께할 것인가?

한 트렌드 강의에서 강의 내용보다 흥미로운 이야기를 들었다. 요새 대학생들에게 팀플(팀프로젝트) 할래, 시험 볼래 물어보면 백이면 백, 모두 시험을 선택한다는 것이다. 강연자는 학생들이 팀플을 하더라도 예전처럼 한 팀에서 역할을 나누는 방식이 아니라 프로젝트를 분할해서 각자가 맡은 부분에 대한 정보를 찾고 자료 만들어서 각자 발표한다고 했다. 자신의 노력이 주변인들로 인해 저평가 되는 건 더 싫기 때문에 열심히 한다. 누군가는 늘 무임승차 하는데 점수가 같고, 이상하게 매번 더 많이 하고 손해 보는 쪽은 내가 된다. 현재의 20대가 이 토록 팀플을 싫어하는 이유는 팀플의 불합리함 때문이다. 놀 아도 내가 놀고 돋보여도 내가 돋보여야 하는 원칙에 팀플은 한참 어긋나 있다. 아무 것도 안 하고 입 싹 닦고 있던 무임승 차자의 이름을 차마 지우지 못하고 발표자료 맨 끝에 적어주 던, 80년대생인 나를 포함한 과거 세대와는 분명 다르다.

안타깝지만 회사는 팀프로젝트, 팀플레이의 연속이다. 팀 안에서의 협업, 팀끼리의 협업 모두 팀플레이에 해당한다. 여 기에도 무임승차하는 인간은 세대별로 부서별로 촘촘히 존재 한다. 나도 팀플을 좋아하는 편은 아니지만, 그나마 다행인 건 한 사람에게 업무가 과중되는 것을 막고자 업무 분장이라는 걸 한다는 점이다. 일의 성격이 작고 중요도가 낮을수록 연차 가 적은 사람, 가장 늦게 입사한 사람이 맡게 된다. 나 역시 현 장직에서 사무직으로 처음 발령받았을 때 한 달 내내 5년간 정리가 밀린 서류에 도장 찍고 철하는 일만 했다. 업무의 전문 성은 떨어지는 단순노동이지만 서류 몇 장이라도 누락되면 큰 일이기 때문에 어느 누구도 하기 싫어하는 일이었다.

억울함이 없는 팀플레이를 위해서는 몇 가지 원칙이 있다.

첫째, 내가 맡은 업무가 작아도 깔끔하게 시기와 양식을 갖춰서 마무리할 것. 단순한 업무를 하다 보면 나름 좋은 대학 나와서 멀쩡한 머리를 가진 나에게 어떻게 이런 업무를 시킬 수 있을까 하는 분노의 순간이 찾아온다. 그러나 새로 발령받은 부서라면 그것이 무엇이든 한두 달은 묵묵히 해내는 모습을 보이는 게 좋다. **내 일을 잘 처리하고 있는 모습을 보인 다음 좀 더 중요도가 높은 업무를 넘겨달라고 건의하는 게 순서다.** 선임과 사이가 좋으면 자연스럽게 넘겨 받는 것이 좋고, 업무 분배가 잘 안 되는 상황이면 팀장에게 별도로 면담을 요청하는 것도 한 방법이다. 내가 이런 이야기를 하면 구성원들이 이상하게 보지 않을까 걱정하지 않아도 된다. 만약 반대로 본인이 선배라면 착실하게 일 잘하는 후배가 몇 가지 업무를 더 가르쳐달라고 하는데 싫을 리가 있을까? 예의를 갖추고 업무에 대한 욕심을 내는 건 일에 대한 열정으로 비춰지기에 대개의 경우는 좋은 인상을 심어줄 수 있다.

둘째, 항상 내 업무보다 팀 업무를 항상 먼저 처리하는 습관을 들일 것. 사무직은 취합의 연속이다. 자료 취합은 당사자가 되어 그 업무를 해보면 안다. 늦게 주는 사람은 매번 늦게 주고 일찍 주는 사람은 매번 일찍 준다. 이상하게 주는 사람은 늘 요청한 양식과 다른 이상한 방식으로 보내서 두 번의 작업을 필요로 한다. 하나를 보면 열을 안다. 취합 방식을 보면 그 사람의 업무능력을 가늠할 수 있다. 취합해서 보내며 받을 사람이 겪을 일과 질문을 생각해보지 않고 보내는 사람. 늘 마감 기한을 지키지 않는 사람. 매번 같은 질문을 하는 사람. 이들은 공통적으로 대부분 다른 일도 잘 못하는 경우가 많다. 작은 일부터 군이 나 일 못해요 광고할 필요는 없다.

셋째, 한 배를 탄 팀원들에게 노하우를 아끼지 말 것. 회사마다, 분야마다 다르기는 하겠지만 타 부서로 오가는 자료는 대부분 PDF일 가능성이 높다. 자료의 용량을 줄이고 손쉽게 보기 위함이긴 하지만 사실은 내가 만든 자료를 다른 사람이 쉽게 활용하게 해주기 싫다는 의미도 담겨 있다. 그러나 팀 안에서라면 충분히 팀원들이 활용하기 좋은 형태로 제공하는 것이 좋다. 내가 며칠을 고생해서 만든 자료를 공유하기 싫은 마음도 이해한다. 하지만 아낌없이 제공하면 반대로 누군가의 자료 역시 제공받기 수월하다. 나 혼자만의 정보와 노력으로는 한계가 있다. 보고서 짊어지고 무덤까지 갈 것도 아닌데 시원하게 공유하고 더 다양한 정보를 제공받자.

넷째, 무임승차하면 연말 평가에 반영될 수 있다는 걸 기억할 것. 회사에서의 팀플레이에서 다소 반가운 소식이 있다면 여기에는 서로가 서로를 평가하는 제도가 있다는 점이다. 매번 담배 피우러 나가서 없는 사람, 점심시간이 훌쩍 지나도록 복귀하지 않는 사람, 자료 취합 마감 일정을 매번 지키지 않는 사람, 남들은 다 제출했는데 뭐 하면 되느냐며 뒷북치는 사람. 팀장은 몰라도 내 옆자리 동료는 나의 행적을 알고 있다. 공통 업무에 적극적으로 도움을 주고 함께하는 사람에게 나쁜 평가를 주는 사람은 없다. 하지만 해야 할 일은 안 하면서 성격만 좋은 사람에게는 안 좋은 평가를 할 수 있다. **사람은 사람, 일은 일이기 때문이다.**

다면화 평가가 없는 회사에도 인사제도는 보통 두 개로 나누어 평가한다. 나의 등급은 팀장과 상급자 두 사람 이상의 정량 평가와 정성 평가를 절반씩 섞어 결정된다. 우리 팀의 주요 업무에 더 고생을 많이 한 사람에 대한 양적 평가가 높지 못할 때 정성 평가를 활용해 팀 기여도를 점수로 반영하는 것이다. 리더와 사이가 나쁘지 않은 상황이라면 팀 업무를 하느라 정량적으로 부족한 부분이 있다면 정성 평가로 일부 만회하는 경우가 있다. 어쨌든 피할 수 없는 팀플이라면 이왕이면 내 역할을 꼼꼼히 해서 A 받아야 하지 않을까? 대학교 시절 팀플처럼 한 학기만 만나고 말 사람들이 아니다. 그 시절에는 늘 운 좋게 무임승차했던 사람일지라도 이제는 함께할 때가 되었다. 회사는 오늘도 다양한 방법으로 제 몫을 다하는 사람을 찾고 있다.

업무도 잘하는 꿀팁

• 자료 취합을 위해서 맨 처음 받게 되는 메일은 몇 줄로 간략히 오는 경우가 꽤 많다. 그런 메일을 말 그대로 '그냥' 취합하고 필요한 부분을 짚어주지 않은 채 여러 조직에 그대로 전달할 경우, 수십 통의 문의전화를 받을 수도 있다. **취합 사항은 최대한 자세하게 상세한 가이드를 넣어 보내는 게 좋다.** 상세한 취합 메일을 보내는 건 피곤한 일이지만, 항상 업무는 던지기 전에 받는 사람의 입장에서 한 번 생각하고 보내는 습관을 들이자. **요청이 디테일 할수록 내 업무 시간이 줄어든다.**

• 티가 나지 않는 공통 회의는 계속 늦고, 공통 업무만

요리조리 계속 빠지는 사람. 다른 사람들이 모를 것 같지만 다 안다. 맡은 업무가 있으면 제때 처리하고 회의에는 제때 와라. 연말 평가 때 후회할 일이 생길 수 있다.

잘나가는 인간의 비결, 프레젠테이션

기회는 두 번 오지 않는다

팀플을 통해 좋은 보고서 작성까지 마쳤다면 우리의 노력을 완성해야 한다. 바로 프레젠테이션. 학교 다닐 때 그렇게 많은 조별활동과 발표를 했는데 왜 회사 대표 앞에서는 버벅대는 걸까? **회사에서 프레젠테이션 할 기회가 주어진다면 망설이지 말고 지원하는 게 좋다.** 우리가 남들에게 내 업무 성과를 브리핑할 기회는 많지 않다. **잘나가는 비결 제1원칙, 기회는 놓치지 않는다.**

나의 사례를 말해본다. 신입사원 시절 매달 점장들이 돌아가면서 점포를 소개하는 정기 점장 회의가 있었다. 보통 그 달의 주요 상품 진열 사진과 우수 개선 사례를 PPT로 짧게 정리해서 발표하는 자리였다. 내 점포 차례가 돌아왔고 나는 기존과는 조금 다르게 접근했다. 누가 시킨 건 아니었다. 물건 사진으로만 채우기보다 나와 함께 근무하는 친구들의 이야기와 웃는 얼굴을 담는 게 우리 점포를 더 잘 표현하는 길이라고 생각했다. 화려한 기술은 아니었지만 분주한 우리 점포의 정경과 근무자들의 크고 작은 에피소드, 애환, 보람 등이 담긴 영상을 만들어 발표 자료에 넣었다. 지금이야 모두에게 영상이 친숙하지만 그때만 해도 나를 각인시키기 충분한 프레젠테이션이었다. 진정성과 자발성은 어디에서나 통한다.

소위 '잘나간다'는 사람의 평판은 멋진 프레젠테이션과 그 자리에 있던 사람들의 입소문으로 만들어지는 경우가 많다. 평소 나의 노력이 빛을 발하기 위해서는 나를 드러내는 시간을 잘 활용할 줄 알아야 한다.

잘나가는 비결 제2원칙, 발표의 기본에 충실한다. 시각적으로 보는 사람이 이해하기 쉬운 도표나 그림 위주의 장표를 준비하고, 내가 하고자 하는 말은 따로 정리하여 연습한다. 발표할 때 **포인터로 내가 말할 문장의 맨 끝을 살짝 짚어주면서 핵심 내용만 말한다.** 말의 빠르기는 평소보다 살짝 느리게 하되 장표에 써 있는 글을 줄줄 읽는 방식으로 말하는 것은 지양한다. 앞사람에게 말하는 것처럼 자연스럽지만 지루하지 않게 핵심만 짚어서 말하듯이 풀어내는 것이 좋고, 가능하다면 처음과 중간에 유머를 곁들일 수 있다면 더욱 좋다. 예상 질문은 많이 적어볼수록 좋다. 내 경우에는 이렇게 말하는 연습을 혼자서 최소 5번 이상 해본다.

회사에서의 프레젠테이션의 기본은 이것이 전부다. 간단해 보이지만 막상 프레젠테이션 자리에 가서 보면 포인터가 정처 없이 마구 흔들리고, 준비한 멘트를 반의 반도 전달하지 못하는 사람도 많다. 양몰이 하듯 목소리가 떨리는 사람의 발표는 듣는 사람이 불안해진다.

잘나가는 비결 제3원칙, 기회는 다시 오지 않는다. 회사는 학교가 아니다. 공식적인 프레젠테이션 자리에서 좋은 발표를 하지 못했다면 당신에게 두 번째 기회는 오지 않을 가능성이 높다. 스스로도 공식적인 자리에서 위축되고, 주변 사람들도 망친 발표로 우리 팀이 준비한 것을 다 보이지 못하는 건 원치 않는다. 주변 사람들과 대화하는 데는 전혀 지장이 없는데 남들 앞에만 서면 긴장하고 말이 잘 안 나오는 편이면 연습만이 살 길이다. 프레젠테이션용 스크립트를 만들어서 10번이고 20번 이고 자연스럽게 말하는 연습을 해야 조금이나마 극복할 수 있다. 내 프레젠테이션 실력을 스스로 잘 모르겠으면 가족이 나 친구들 앞에서라도 연습해보자. 가족이라서, 친구라서 다 좋게 봐줄 것 같지만 은근히 냉철하게 평가해준다. 혼자 연습 하는 것보다 확실히 도움이 된다.

언제나 떨리는 프레젠테이션 잘하는 꿀팁

• 일은 잘하는데 공식적인 자리에서 말을 잘 못하는 사람은 안타깝지만 승진을 비롯한 회사 생활에서의 역량 대비 입지나 대우가 좋지 못할 수 있다. 리더가 되기는 더욱 어렵다. 반대의 경우도 있다. 그다지 일을 잘하지 않는데 리더가 신뢰하는 사람은 말을 잘하는 사람이 많다. 그러니 **일도 말도 중간 이상 하는 사람이 되어보자.** 모두가 있는 자리에서 자신의 개성으로 자신을 잘 어필할 줄 안다면 부서 이동이든 이직이든 당신이 원하는 자리에 보다 쉽게 다가갈 수 있다.

• **언제나 자신감이 중요하다. 내 평판은 내가 만든다.** 단, 너무 잘난 체하지 않는 게 포인트다. 겸손하게, 은

근하게 어필하기. 내가 말하면서도 대한민국에서 직
장 생활하기 참 쉽지 않다. 하지만 어쩌겠는가. 우리가
대한민국의 조직 문화 속에서 일하고 있는 것을.

유능한 직원이 되는
아주 사소한 방법

질문의 기술

편의점 본사 직원이 되면 영업직원들의 전화를 많이 받는다. 문의 전화 중에는 공문에 이미 상세하게 다 적힌 내용인데 제대로 살펴보지 않고 하는 질문이 의외로 많다. 장황하게 물어보지만 이미 다 안내가 되어 있는 사안이라 통화는 싱겁게 끝난다. 흥미로운 건 매번 안내 사항을 확인하지 않고 전화부터 하는 직원은 언제나 그렇다는 것이다. 나는 늘 그런 류의 질문을 하는 직원의 번호를 저장해두는 편이다.

이 상황에서 우리는 유능한 직원을 가르는 두 가지, '**질문을**

받는 태도'와 '질문을 하는 태도'를 배울 수 있다. 현업으로 몹시 바쁜데 그런 전화를 받고 즐거울 수는 없다. 그래도 화까지 나진 않는 건 나도 영업사원으로 동분서주하던 당시에는 운전하면서 신호를 기다리는 타이밍에 본사에 전화를 했기 때문이다. 이곳저곳에서 전화가 걸려오고, 여기 와달라, 이게 맞냐 저게 맞냐는 각종 문의에 응대하고, 현장 사진 찍고, 비좁은 점포 창고나 차 안에서 노트북을 켜서 각종 업무를 확인하는 일들이 쉬운 게 아니다. 현장에 있으면 사무직보다 자유롭기는 하지만 앞뒤 없이 쏟아지는 일들에 정신이 없고 잘 챙겨 보기 어렵다. 해보지 않고서는 그 혼이 빠지는 것 같은 기분을 알 수 없다.

"내가 해봐서 아는데 그거 안 돼"는 꼰대의 언어이고, "내가 해봤으니 이해한다"는 유능한 직원의 언어다. 편의점 회사의 경우 MD 직무에 영업 경험이 없는 신입사원을 채용하는 일은 드물다. 현장의 접점을 이해하지 못하면 소위 '뇌피셜'로 일하게 될 수 있기 때문이다. '내가 생각하는 점주는 이런 것을 좋아할 것이다. 내가 생각하는 고객은 이럴 것이다'를 기준으로 일을 추진해나간다. 그러나 과연 그렇게 책상 위에서 탄

생한 행사와 상품의 결과가 좋을까? 어쩌다 한두 번의 대박은 있을 수 있지만 지속적인 성과는 어렵다. 아이디어가 번뜩일 수는 있어도 현장의 움직임을 이끌어낼 수 없는 실행 방식일 가능성이 높다.

또 하나의 중요한 배움은 질문을 하는 유형인데 크게 3가지로 나뉜다. **첫째, 공개된 정보를 확인조차 하지 않고 질문부터 하는 사람. 둘째, 알아보고 실행해봤지만 안 되는 부분을 짚어 질문을 하는 사람. 셋째, 남들이 시도하지 않아서 매뉴얼이 없는 것 같으니 그것이 가능한지 알아봐달라는 사람.** 질문을 하는 안건은 달라도 사람의 성향과 질문의 성향은 늘 비슷하다. 첫 번째 질문을 하는 사람은 거의 매번 첫 번째 스타일로, 세 번째 스타일의 질문을 하는 사람은 두 번째 아니면 세 번째 류의 질문을 하지 첫 번째 부류의 질문은 거의 하지 않는다. 심지어 A라는 상품에 대해 문의하면서 A상품과는 아무런 관련이 없는 B상품 담당자에게 질문하는 경우도 있다. 카테고리별로 담당자가 나뉘어져 있는 걸 알면서도 조직도를 눌러볼 생각조차 하지 않은 것이다. 항상 엉뚱한 질문만 하던 사람이 하루아침에 고급 질문을 하는 경우는 극히 드물다. 아무도 첫 번째 질문 유형을 가진 사람을 '일 잘하는 직원'이라고 생각하지 않는다. 일을 잘하는 사람은 늘 평소에도 세 번째 유형의 질문을 자문자답하고 실행한다. 현실적으로 그런 사람들이 모여 있는 집단에 첫 번째 질문 유형의 질문자들이 발 들이기는 어렵다.

여기에 한 가지를 덧붙이자면 **질문하는 사람의 태도도 중요하다.** 한 동료가 전화를 끊으면서 이런 말을 한다. "결국 도와달라는 내용인데 왜 이렇게 화를 내? 진짜 도와주기 싫다." 말투가 공격적이거나 삐딱한 사람은 일단 듣는 사람의 반감을 사고 시작한다. 당신을 돕기 위해 이야기를 듣고 있는 사람에게 싸우자는 식으로 말한다면 본인에게 득이 될 게 없다. 누구든 위의 두 번째, 세 번째 방향으로 질문을 잘해도 말하는 태도가 고압적인 사람과는 일하고 싶지 않다. 누군가의 휴대폰에 당신의 이름이 '엉뚱한 질문하는 누구' '무슨 건으로 화낸 누구' 같은 수식어를 달고 저장될지 모른다.

A사 MD시절, 전화에 관한 에피소드가 하나 있다. 현장에서 매번 '당신이 대응을 잘 못해줘서 내가 이걸 못했다'는 식으로 말하던 영업직원이 본사로 발령난 적이 있었다. 그 직원의 말

에 등장하는 상대였던 사람은 그 친구를 단번에 알아봤다. 영업직원이 1천 명이 넘지만 그 친구의 이름은 그 MD 휴대폰에 저장되어 있었기 때문이다. 당신이 수화기 너머로 비난하던 그 사람의 부사수가 될 수도 있다. 사람 일은 모르는 것이다. **남의 상황을 조금이라도 이해하는 아량, 나는 저러지 말아야지 하는 작은 다짐, 그리고 일할 때의 고급 질문러의 태도.** 이 세 가지 정도면 중간 이상은 할 수 있다.

유능한 직원은 특별한 사람이 아니다. 아주 사소해 보이는 것들을 실천할 줄 아는 사람이다. 눈치와 행동이 빠른 사람은 어딜 가나 제 몫은 한다. 다시 자문자답해보자. **나는 지금 어떤 '질문러'인가?**

유능한 질문러가 되는 꿀팁

• 질문을 잘하는 것도 능력이다. 궁금한 사항이 있어 질 문하기 위해 수화기를 들기 전에 공지사항을 항상 읽 어보고 주변 팀원 딱 한 명에게라도 같은 질문을 던져 보라. 문의가 필요한 내용이 한 주에 10건 정도였다면 1건으로 줄어드는 마법을 경험할 수 있다.

• 유통업계에서 본사 직원은 비슷한 유형의 전화를 매 우 많이 받는다. 본사 담당자도 사람이다. 태도가 좋지 않은 특정 영업사원이 전화하면 어감 때문에 유독 기 분이 나쁠 때가 있다. 만약 말하는 태도에 대해 한 번 이라도 지적받은 사람이라면 전화 말투라도 상냥하게 들리게끔 연습하는 게 필요하다.

• 수화기 너머로 상대방이 보이지 않을 때는 내용만큼 어감에 더 신경써야 한다. 이 부분은 나도 많이 부족한 부분이라서 늘 화를 다스리는 연습을 한다. 사람 성격과 습관이 한 번에 바뀌지는 않겠지만 노력한다는 게 중요한 것이다.

• "좀 도와줄 수 있을까요?" 식의 정중한 어투로 물어보면 얻는 게 더 많다. 업무든 일상이든 마찬가지다.

'야 너도'
할 수 있어

업무 미팅의 비결

회사의 업무는 수많은 미팅과 회의로 이루어진다. 미팅은 나의 직무와 이해관계가 있는 담당자와 목적을 가지고 만나 업무를 더 빠르게 추진하는 역할을 한다. 회의는 그나마 학창 시절에도 여러 명이 함께 둘러앉아 토의해본 경험이 있어 그럭저럭 할 만한데 미팅은 참 난감하다. 10~30분가량 나와 업무 이야기를 하기 위해 멀리에서 찾아와준 고마운 분들을 상대해야 하는 일이지만 **아무도 내게 어떻게 미팅을 해야 하는지 알려주지 않았다.** 답답한 마음에 선배들이 미팅하는 자리에 동석해보기도 하고, 주변 선배들에게 조언도 구해보았지만 미팅에 관해서는 업무 매뉴얼에도 단 한 글자도 적혀 있지 않았다. 회사 대표라는 사람을 앉혀 놓고 쓸데없는 이야기만 하다가 시간을 흘려보낸 적도 있고 필요한 정보를 하나도 얻지 못한 채 무의미한 미팅을 수도 없이 반복하기도 했다.

그래서 수년간의 삽질로 깨우친 업무 미팅의 비결을 여기에 풀어본다. 업무 미팅은 미팅 전과 중반, 후반부에 각각 해야 할 몇 가지 포인트를 잡고 가면 좋다. 먼저 미팅 전. 몇 년간 노하우가 쌓인 지금은 절대 그냥 미팅하는 일은 만들지 않는다. **미팅 요청이 오는 경우 어떤 주제로 이야기할 건지 반드시 메일로 먼저 내용을 보내달라고 부탁한다.** 이때 간단하게 메일 상으로 설명되어 오는 경우도 있고, 문서로 첨부되어 오는 경우도 있다. 어느 것이든 좋다. 미팅 전에 주고받는 메일은 미팅의 주제를 서로에게 알려주는 역할을 한다. 메일을 작성하는 상대방도 준비 없이 가볍게 만날 생각을 했다가도, 하나라도 더 준비하기 마련이다. 혹은 상대방의 더 다양한 의사결정이 담긴 사항을 가지고 미팅을 진행할 수도 있다. 단 한 통의 메일로 한 번 이상의 미팅 소요를 줄이고 시작할 수도 있다. 미리 안건을 확인했다면 상대가 이 미팅으로 얻고자 하는 바와 관련된 데이터를 간단히라도 확인하는 것이 좋다. 미팅 시 해당 정보를 알려주기 위함이 아니라 내가 얻고자 하는 바를 요청할 때 요긴하게 쓰기 위함이다. 상대방의 안건을 확인하고 내가 할 이야기를 간단하게라도 정리해두면 적어도 쓸데없는 미팅은 피할 수 있다.

자, 미팅이 시작되었다. 미팅하는 동안에 가장 중요한 것은 상대에게 얻을 수 있는 정보를 최대한 얻는 것이다. 보통 우리는 다양한 사람들과 짧은 시간에 업무를 처리해야 하기 때문에 유선통화나 휴대폰 메신저로 업무를 해결하는 일이 많다. 전화나 메일은 편리하고 빠른 업무 수단이지만 부가적인 질문의 답이나 다른 정보를 연속해서 물어보기 어렵다. 그러나 사람을 만나면 보다 풍부한 정보 교환이 가능하다. 미팅할 때는 질문하는 태도도 중요한데, '제가 잘 몰라서 여쭤보는데요' 같은 알아도 모르는 척이 필요하다. 내 앞에 앉아 있는 사람은 그 회사를 대표해 브리핑하러 온, 그 안건에 대해서만큼은 전문가이자 대표다. 전문가가 가진 지식을 하나만 풀고 갈 것인지 열을 풀고 갈 것인지는 미팅 자리에서 결정된다.

미팅 전에 준비한 몇 가지 정보들이 있을 것이다. 경우에 따라서는 우리에겐 중요하지 않지만 상대는 모를 수 있는, 중요해 보이는 정보 몇 가지를 전하고 우리에게 필요한 정보를 얻기도 한다. 미팅 전 사전조사가 중요했던 이유다. 미팅 중에 내가 필요한 정보를 최대한 얻어냈다면 마무리는 '그래서 내가 원하는 바'를 집어 정리해줄 필요가 있다. **미팅 시에 상대가 열심히 적은 노트를 믿지 마라.** 같은 말을 들어도 달리 해석하는 게 사람이다. 내가 말한 요점은 다 빼고 본인이 해야 할 것들, 필요한 것들만 기록했을 수도 있다. 미팅의 처음부터 끝까지 나는 상대방에게 어필해야 한다. 당신이 이런 것들을 해준다면 그것은 분명 당신에게 이로울 것이라는 확실한 메시지를 주어야 한다. 요청은 명확해야 하고 분위기는 부드러운 편이 좋다. 결국 이 미팅의 목적은 내가 원하는 바를 상대방에게 정확히 전달되고 상대 측으로부터 내가 원하는 피드백을 받는 것이다.

그래서 미팅 후 마무리는 언제나 중요하다. 대외 미팅을 많이 하는 협력사나 기업체와 미팅하고 나면 회의록 메일을 받을 때가 종종 있다. **우리가 미팅 때 이야기한 안건은 이것이었**

고 당신과 우리가 요구한 것이 각각 이런 것이며, 요청 안건은 **며칠까지 피드백을 주겠다는 것이 주요 내용이다.** 만약 회의록에 내 요청사항이 반영되지 않은 것이 있다면 회신으로 정정해줄 필요가 있다.

이 미팅 회의록은 향후 업무 진척도에서도 빛을 발한다. 당신이 중요한 미팅 후에 이런 회의록 메일을 받지 않았다면 간단히 작성해서 보내주면 된다. 꼭 어느 쪽이 회의록을 써야 한다는 법은 없다. 보다 확실히 하고 싶은 쪽이 보내면 된다.

메일로 업무를 확인하는 작업은 유선으로 나눈 안건을 확실히 할 때도 좋은 수단이다. **방금 한 이야기라도 간단한 줄글이라도 메일로 정리해서 요청한 사안의 시간과 기록을 남겨두면 향후 업무 진척이 느려질 때 요긴하게 쓰인다.** 내가 보냈던 메일을 다시 전달하며 간단한 코멘트를 덧붙이는 것만으로도 빠른 업무를 이끌어낼 수 있다. 만약 일정 압박에 좀 더 시달리는 상황이라면, 해당 메일을 전달할 때 상대방이 소속된 팀의 리더나 함께 참여한 팀장을 참조해서 보내면 업무 속도가 더 빨라진다. 물론 이 방법은 상대 실무자가 좋아할 리 없으므로 최후의 수단으로 남겨두기를 권한다.

미팅의 비결은 말로 설명하거나 가르쳐줘서는 알 수 없는 동물적인 감각의 영역이다. 업무 미팅은 얼굴을 마주한 10~30분의 순간에 더 많은 것을 얻고, 내가 원하는 바를 이끌어내고, 다시 미팅하지 않아도 수월하게 업무를 끌어갈 수 있는 핵심적인 시간이어야 한다. 혹시 본인이 현재 영업직에 있다면 무턱대고 만나자고 청하지 말기를 바란다. 무조건 얼굴부터 보고 농담을 주고받으며 비즈니스가 진행되던 시절은 끝났다. 직장인의 시간은 서로 소중하다. 명확한 목적과 상대에 대한 배려를 바탕으로 효율적으로 일해야 한다. '라떼' 시절의 영업 방식을 고수하는 차장, 부장님들은 요즘 밀레니얼 세대가 어떻게 일하는지 보고 배울 필요도 있다.

하는 업무 양에 비해 늘 시간이 부족하고 야근이 많은 타입이라면 자신의 미팅 시간을 떠올려보라. 미팅에도 스몰 토크가 필요할 때가 있지만 그 속에서도 상대 회사의 상황이나 관심사, 인사이동 등 활용 가능한 정보를 얻어야 한다. 우리가 친구를 사귀려고 그를 만나고 있는 건 아니지 않은가? 미팅도 습관이다. **시간을 낭비하지 않는 미팅 습관이 우리의 퇴근 시간을 앞당긴다.**

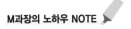

미팅 회의록 꿀팁

• 회의록에는 다음 같은 내용이 들어가는 것이 좋다.

- **회의 날짜 :**

- **회의 참석자 :** A사(이름-직책) / B사(이름-직책)

- **회의 안건 :** 1~, 2~, 3~

- **A사 요청사항 :**

- **B사 요청사항 :**

- **피드백 기한 :**

• 회의록은 이메일로 깔끔하게 정리하여 참석자들과
  팀장을 참조하여 보낸다. 가급적 미팅 후 1일 이내
  에 보내두기를 권한다.

좋은 팀장, 나쁜 팀장, 이상한 팀장

팀장 운명론자의 해법

부모를 선택해서 태어날 수 없듯 어떤 팀장을 만나느냐는 신의 영역이다. **지구상에 10명의 팀장이 존재한다면 3명은 나쁜 팀장, 3명은 좋은 팀장, 3명은 무색무취인 팀장, 1명은 이상한 팀장이다.** 우리가 이들 중 누구와 만날지는 아무도 모른다. 이중 누군가와 괴로운 시간을 보내고 있는 사람이 있다면 이 글이 작은 위안이라도 되었으면 한다. 엄마의 눈으로 나를 한 번 돌아보자. 엄마도 나를 변화시키지 못한 것처럼 그도 내가 어찌할 수 없는 이 세상의 유일한 존재다. 우리의 운명에 어떤 유형의 팀장이 있는지 알아보자.

먼저 나쁜 팀장의 유형에는 A를 말하면 철석같이 B로 알아듣는 **'사오정'**형, 업무도 모르는데 알려고 하지 않는 **'백치'**형, 왕년에 잘나갔던 시절을 기준으로 업무를 지시하는 **'떠나간 옛사랑'**형, 업무 협의는 실무자한테 떠넘기고 계속 보채기만 하는 **'한 대 쥐어박고 싶은 동생'**형, 윗분들의 동선은 다 꿰고 있으면서 정작 팀원의 승진과 인사이동에는 아무 관심이 없는 **'낙선 정치가'**형, 괜히 일찍 나와서 심적인 부담을 주는 **'꼭 두새벽'**형, 폭력적인 행동과 언어를 쓰면서 그게 폭력인지 모르는 **'주둥이 조폭'**형, 성인지 능력 떨어지는 **'전자발찌'**형, 남은 회사 생활을 한가로이 보내며 아무것도 하지 않는 **'퇴직 준비'**형이 있다. (퇴직 준비형은 경우에 따라 무색무취 팀장 유형에 들어가기도 한다.) '난 여기 없어!'라고 자부한다면 뒤로 넘어가도 좋다.

물론 세상에 나쁜 팀장만 있는 것은 아니다. 실무를 잘 알고 팀원의 이야기를 들어줄 줄 아는 좋은 팀장도 있다. 아무리 좋은 성향을 가진 분이라도 업무를 너무 모르는 상태에서 팀에 오면 선임이 힘들어진다. 그래도 직원들의 의견을 들으려고 하는 팀장 밑에서는 일을 해나갈 수는 있다. 좋은 팀장은 실무를 맡기기 전에 팀원의 의견을 묻고 더 나은 방향성을 주려고 노력한다. 내 평생 가장 최고의 팀장님으로 꼽는 분은 **항상 '공'은 팀원이 한 것이요, '과'는 자신이 한 것**이라고 말씀하시는 분이었다.

또 다른 좋은 팀장의 유형은 팀원의 업무가 막히거나 **유관부서와 협의가 잘 안 될 때 나서서 어려운 부분을 적극적으로 돕는 유형**이다. 현재 나도 연차가 있는 터라 가급적 내 선에서 일을 해결하고 결과만 보고하려고 노력하지만 모든 일이 내 마음대로 되지는 않는다. 유관부서 실무자들이랑 옥신각신 이슈만 서로 토스하며 명확히 결론이 나지 않을 때, 포스트잇에 '○○ 이슈, 해결방안 A, B'를 적어 팀장님을 찾아간다. 그러면 그는 내 몇 마디 요약 설명을 듣고 대부분 모든 경우 그 포스트잇만 들고 자리에서 일어나 나 대신 협의하러 나선다. 팀장님 같은 팀장이 얼마나 드문지는 겪어봐서 안다.

팀원들에게 '역시 우리 팀장님!' 하는 마음의 소리를 듣고 싶은가? 늘 업무에 대한 정확한 방향성을 주고 때로는 해결사가 되어주는 것. 실무를 모르면 아는 체하지 말고 물어보고,

방안을 몇 개 가지고 가면 결정해줘라. 좋은 팀장이 되는 건 그리 어려운 일이 아니다.

이상한 팀장은 말 그대로 이상한 사람이다. 회사가 아닌 다른 어떤 집단에서 만났다면 말이나 섞었을까 싶은, 저 세상 텐션의 사람. 팀장과 팀원은 나이에서 오는 세대 차이 때문에 대화할 때 어느 정도 불통의 소지가 있지만, A를 말하는데 B에 대해 답하고, 팀에 중요한 것보다는 자기만의 포인트에 꽂혀 있는 사람에게는 그 어떤 업무의 도움도 방향성도 얻기 어렵다. 그저 시간이 흐르고 그와 나 둘 중 하나가 인사이동 되길 바랄 뿐. 뭣이 중헌지 모른다니?

하지만 현실 세계에 가장 많은 건 무색무취 팀장이다. 어떤 생각을 가지고 이 조직을 이끌어가는지 도대체 알 수 없는 사람. 이런 팀장들은 그저 이번 달의 쉬는 날과 오늘 점심메뉴가 궁금할 뿐이다. 업무에는 당연히 도움이 되지 않지만 딱히 방해가 되지도 않는다. 내 일만 잘할 수 있다면 딱히 나를 괴롭히지도 않는다. 그다지 관심이 없더라도 그의 관심사를 조금 들어주면 크게 틀어질 일도 없다. 어떠한 방향성도 기대할 수 없는 무색무취의 그들이지만 나쁜 팀장보다는 낫다는 생각이

들기도 한다. 적어도 나를 해치지는 않으니까.

운명을 거스를 순 없지만 팀장의 영향을 덜 받으면서 생활할 수는 있다. 우린 이미 5년차 이상인 사람들이고 이 업무에 있어서 나를 빼고 진행하기 약간 곤란한 정도의 업무 깊이를 가지면 이 팀에 누가 팀장으로 오든 나의 입지는 크게 바뀌지 않는다. 더 나아가 내가 팀의 분위기까지 좌지우지할 수 있는 존재라면 더더욱 우린 이 팀에 필요한 존재, 대체 불가한 존재가 된다. 그래서 **어떤 인물이 오든 새로 온 팀장이 당신에게 업무 조언을 구할 정도의 내공을 쌓는 것이 중요하다.** 팀장 정도의 직장 생활 레벨이면 팀의 핵심 멤버쯤은 눈치로 캐치해 낸다. 팀장이 묻는 항목에 상세하고 친절하게 답하며 그가 이 팀에 잘 적응할 수 있도록 돕는 것이 낫다. 그가 어떤 유형이든 그에게도 내가 필요한 존재가 되면 큰 흔들림 없이 오늘을 지낼 수 있다.

팀장은 절대적인 존재가 아니다. 그는 그저 방향성을 알려주고 팀을 이끌어줘야 하는 회사원일 뿐이다. 2년마다 인사이동이라는 것도 있고 나도 부서를 옮길 수 있다. 어쨌든 앞서 말한 직장인으로서의 나의 유통기한을 위해 아주 못 버틸 정도의 사람만 아니라면 3년 정도는 한 팀에서 하나의 직무를 마치는 것을 권한다. 어떤 팀장을 만나든 배움은 있다. '나도 나중에 저런 팀장이 될 거야'일 수도 있고, '내가 팀장이면 저렇게는 하지 말아야지'가 될 수도 있다. **때로는 나와 조금 다른, 아니 많이 다른 팀장이란 사람은 우리의 긴 인생에서 짧은 순간을 함께할 찰나의 운명일 뿐이다.** 그런 사람으로 인해 내 영혼이 너무 많은 영향 받지 않도록, 스스로의 업무와 멘탈의 중심을 잘 잡아보자. 오늘이 지나면 내일이 오기 마련이다.

나쁜 팀장과 운명을 함께하고 있다면

• 팀원의 승진과 평가에 관심이 없는 팀장 밑에 계속 있다 보면 본인의 커리어가 다 망가질 수도 있다. 업무능력이 현저히 떨어지는 것이 아님에도 2년 이상 평가가 계속 좋지 않았다면 팀을 옮기거나 이직을 고민해볼 필요가 있다. 3년째도 그 팀장 밑에서라면 당신의 평가는 좋지 못할 가능성이 더 크다.

• 팀장의 인격적이거나 성적인 모독은 참는 게 아니다. 다만 때를 위하여 자료는 차곡차곡 모아두자. 악플러 고소할 때 증빙자료부터 컴퓨터 하드에 모아두지 않는가? 똑같다. 약은 약사에게 범죄는 경찰서에.

• 최근 K사 임원이 직장 내 괴롭힘으로 하루 만에 대기 발령 난 사례가 있다. 업무에 대한 문책 도중 수첩을 던졌다는 혐의를 받고 있다. 던진 게 어디 수첩뿐이겠으며 그 같은 일이 어디 한 번뿐이었겠는가? 고통을 참으면서까지 계속할 회사 생활인지 생각해보고 나의 현재가 더 중요하다면 그를 보낼 방법이 없지 않다는 것은 기억하도록 하자. 2019년부터 직장 내 괴롭힘 방지법*이 시행되고 있다.

---

* 2019년 근로기준법 안에 신설된 조항으로, '직장 내 괴롭힘'이란 근로자가 직장에서의 지위 또는 관계 우위를 이용하여 업무상 적정범위를 넘어서 다른 근로자에게 신체적, 정신적, 정서적 고통을 주거나 업무환경을 악화시키는 행위를 말한다. 업무 배제, 혼자할 수 없는 업무를 부여한 후 질책, 회의 및 모임에서의 소외 및 따돌림, 위협적이고 비하적인 언어 등이 해당된다. 해당 건 발생 시 사업주에게 신고해 조치를 취하도록 요구할 권리가 있으며, 피해가 입증되기 전에도 노동자를 보호하기 위한 필요한 조치를 취하게 되어 있다. (근로기준법 제 76조의 2. 직장 내 괴롭힘의 금지)

매너가
유능한 직장인을 만든다

이상한 팀원과 일하기

팀장만 운명인 줄 알았더니 여기에는 운명 같은 팀원도 있다. 보통의 회사원들은 다들 제 몫을 하고 있지만 일부는 '이상한 팀원'도 있어서 우리의 직장 생활을 힘들게 한다. 회사에 존재하는 다양한 인간들과 잘 지내는 방법은 참 어렵다. 개인의 습성을 누른다고 해서 쉽사리 바뀌는 것도 아니다. 화가 날 때 욕을 하지 않는 것만으로도 나의 사회생활 능력이 급격히 좋아짐을 느낀다.

특히 나랑 업무 협조를 해야 하는 실무자, 혹은 같은 팀의 팀원이 이상한 존재라면 정말 미칠 노릇이다. 이상한 직장인이란 특별한 사람이 아니다. 필요한 것을 요청해도 피드백 없는 협력사 담당자, 지난 번에 알려준 것을 수십 번 물어보는 사람, 중요한 것을 언제까지 해달라고 부탁해도 답이 없는 실무자 등, 공통적인 부분은 상대에 대한 배려가 없는 사람들이다. 업무를 요청한 사람의 다급함에 관심이 없고, 업무를 알려준 사람에 대한 고마움이 없는 사람의 경우, 그는 이상함의 대열에 들어갈 가능성이 크다. 나는 정말 이상한 사람이 아닌가, 스스로 딱 3초만 고민해보고 다음으로 넘어가보기로 한다.

직장 생활에서의 매너는 누가 가르쳐주지 않는다. 그저 눈치껏 옆 사람 하는 것을 보고 배우다 보면 터득한다. 이 글로 배움의 시간을 줄여보자.

누군가 내게 업무를 요청했다. **그 업무를 내가 알든 모르든 빠른 피드백은 직장 생활의 가장 기본적인 매너다.** 모르면 묻고 잘 배우고 숙지해서 피드백하면 되고, 요청받은 일이 많을 때는 경중을 따져서 가능한 것부터 피드백을 주면 된다. 무조건 다 해주라는 말이 아니다. 간단하게 도와줄 수 있는 것은 하되 어려운 부탁은 정중히 거절해야 한다. 중요한 것은 그 일이 안 되는 이유에 대하여 나쁜 소식일수록 빨리 알려줘야 한다. 크게 무리되지 않는 요청이라면 조금 알아봐서라도 적극적으로 돕는 게 좋다. 나도 언제 어떤 도움을 받게 될지 모른다.

반대로 상대방에게 업무를 요청할 때에는 구체적이고 명확하게 요청하는 게 좋다. 받는 이가 여러 번 확인 작업을 거치지 않고도, 비교적 쉽게 응할 수 있을 정도로 요청하는 것이 핵심이다. 내가 아쉬운 업무 요청이라면 가급적 실무자를 찾아가서 얼굴을 보고 의견을 나누는 게 가장 빠르고 확실하다. **나도 바쁘지만 내 요청을 받는 사람은 더 바쁘다는 사실을** 전제로 두고 접근해야 한다. 통화나 면대 면으로 진행한 요청도 이메일로 깔끔하게 정리하여 보내두는 것이 좋다. 상대방도 내 업무를 도와주려면 그 메일을 바탕으로 자기 팀의 리더에게 상황을 보고해야 할 수도 있다. **업무는 늘 역지사지다.** 설령 내가 조금 인성적으로 부족하더라도 회사 안에서는 최소한의 매너만 지킨다면 아주 이상한 존재가 되지는 않는다. **매너가 유능한 회사원을 만든다.**

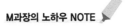
실무자간 업무 협조 꿀팁

• 직급 여하를 막론하고 내부 영업은 언제나 중요하다. 커피라도 한잔 사 가지고 가서 물으면 절차상 빨리 안 될 것도 바로 해주기도 한다. 바로 옆 팀인데도 메신저로 "부탁합니다" "안 되는데요" 식으로 보내고 마는 것은 삼가는 것이 좋다.

• 전화든 메일이든 어떻게 하면 상대가 더 빠르게 나의 요청을 인지하고 처리해줄 수 있는지, 보다 효율적인 방법이 무엇인지 한 번만 생각하고 행동하자. 업무 협조의 기본자세는 잠깐 상대방이 되어보는 것, 남에 대한 배려다. 나도 바쁘지만 상대는 더 바쁘다.

저기, 제 차례는
언제인가요?

아무도 알려주지 않는 승진의 세계

카스트 제도, 인도에만 있다? 사내 익명 게시판을 보면 회사
생활에 대한 푸념의 글이 많다. "10년째 사원입니다. 저는 어
떻게 해야 할까요?" 같은 글을 보면 저변에 깔린 인사 등급제
를 확인할 수 있다. **입사할 때부터 등급을 나누는 '인사의 카
스트 제도'는 대한민국 대기업의 인사 트렌드다.**

내가 입사할 때만 해도 많은 회사들이 4년제 대학 졸업 공
채와 전문대학 졸업 공채 급수를 나누어 채용했다. 하지만 취
업시장이 어렵다보니 전문대 졸업 전형에도 일명 4년제 대졸

출신이 심심치 않게 지원했다. 그러나 현실적으로 4년제 대학 졸업 공채와 전문대학 졸업 공채는 입사 후 적용되는 승진 속도가 다르다. 당연히 전문대 졸업 전형에 합격한 4년제 대졸 출신들은 대졸 전형으로 입사한 사람들보다 승진이 늦어지는 상황에 맞닥뜨려야 했다. 전문대 졸업 전형으로 들어온 한 후배는 승진 차이가 이렇게 많이 날 줄 몰랐다고 했다. 채용할 때부터 등급을 나누지만 실제로 하는 업무는 거의 같기 때문에 불만이 생길 수 밖에 없다. **하는 일은 같은데 가는 길은 다르다.** 누구를 탓하리. 급수를 낮춰 잘못 들어오면 내가 선배인데 후배가 먼저 승진하는 모습을 지켜봐야 할 수도 있다. 뿐만 아니라 복지의 수준이 다른 경우도 있다. 지금 대부분의 공채는 4년제 대졸 혹은 인턴 후 정규직 전환이다.

누구도 당신의 차례가 언제쯤인지 말해주지 않는다. 머리가 조금 커져 승진 고민을 시작하게 되면 스스로 깨우친다. 여러 사람 중에 나를 평가하는 지표는 결국 A, B, C, D다. 회사에서 성장하기 위해 내가 정한 희망 직무를 꼭 하고 싶다면 인사제도, 평가 지표를 아는 것부터가 시작이다. 현실적으로 직무 역량이 없는 신입사원이 A, B를 받기는 어렵지만, 1년 정도 지나면 성과에 따라 충분히 높은 등급을 받는 것이 가능하다. 처음부터 신입사원들끼리 경쟁하는 조직에서라면 충분히 S, A도 가능하다. 회사마다 조금씩 차이는 있지만 내가 A를 받으면 누군가 C를 받고, 내가 S를 받으면 누군가는 D를 받아야 한다. 결국 나와 같은 평가 대상이 되는 구성원을 잘 파악하고 그 안에서 비교적 나은 성과를 내면 된다. 승진에 있어서 당신의 경쟁 상대는 옆 자리 대리, 과장이 아니라 옆 팀 동기일 가능성이 높다. 물론 우리 팀 대리가 우리 부문 똥차 맨 앞 대열에 있을 수도 있다. 그 대리, 이번에 첫 아이도 보았던데⋯ 나도 모르게 마음이 약해진다. 정신차려라. 우리 코가 석 자다.

요즘에는 그룹식 인사제도로 많이 바뀌고 있는데, 예를 들어 0년차부터 4년차까지는 그룹 1, 4년차에서 승진하면 그룹 2로 이동하는 식이다. 출신 학교별 인사제도든, 그룹식 인사제도든 여기에서 중요한 건 우리가 입사할 때에는 이미 승진 포화 시장에 들어간다는 점이다. 더 문제는 이것이다. 지금 나는 승진 대열의 가장 끄트머리에 서 있는데 승진 누락 똥차의 끝이 안 보인다. 나의 승진이 언제쯤인지 궁금하면 선배들의 승진 비율과 연차를 보자. 승진 시기 즈음하여 홀연히 하루 연차를 쓰고 회사에 오지 않는 선배들이 많다면 우리의 미래도 밝지 않다.

회사가 업계의 성장 가능성을 낮게 평가하면 인사 적체가 점차 심화될 수 있다. 가시적인 성장은 하고 있지만 미래를 위해 비용과 인력을 축소해 내실을 다져야 하기 때문이다. 복지 혜택 범위나 금액이 줄어드는 경우도 있다. 회사가 이런 방향성을 택할 때 **슬픈 건 승진에 떨어진 선배, 후배도 대리 즈음에 만나고, 과장 즈음에 다 만난다.** 한 회사의 경우 인사 적체가 상당했고 성장하는 속도에 비해 비용과 인력을 축소하는 속도도 너무 빨랐다. 나중에 승진에서 몇 번 떨어지고, 다른 회사에 다니는 친구가 성과급 얼마 받았다는 얘기를 들으면 실감한다. 결국은 우리 모두 쭉 대리 같은 사원. 업계의 익명 게시판에 들어가보면 승진이 어려운 건 다른 회사 사정도 마찬가지다. 그룹식 개편도 모자라 이제는 팀장이 되지 않으면 승진이란 것이 큰 의미가 없는 방식으로 변화하고 있다. 팀장이라고 행복할까? 어차피 내 회사가 아니면 좌불안석인 건 마찬가지다.

취업이 어려워진 만큼 승진도 어려워지고 있다. 주변을 돌아보니 승진이 힘든 건 대한민국 모든 기업의 공통적인 현상이었다. 국가와 기업의 성장률이 둔화되고 있는데 내가 갈 자리가 계속 많을 거라는 건 너무 긍정적인 착각이다. 관심도 없던 국가 경제 이슈가 내 일상에도 영향을 주고 있다. '좋은 성과 ➡ 승진'이란 공식이 깨진 지 오래다. 제때 승진을 못했다고 나의 능력이 바닥이라는 생각은 하지 않아도 좋다. **이렇게 된 마당이니 그냥 두루두루 잘 지내는 게 미덕일 수 있다.** 그나마 몸담고 있는 업계가 성장 중이라면, 회사도 전년대비 성장 중인 곳에 더 많은 승진과 성과급의 기회가 있다. 업계도 회사도 추이가 좋지 않다면 늦게 입사할수록 승진은 더욱 힘들다. 오늘도 승진에서 누락한 L씨는 승진에서 두 번 누락한 선배와 세 번 누락한 후배와 함께 술잔을 기울인다.

M과장의 노하우 NOTE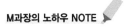

빠른 승진을 위한 꿀팁

• **취업/이직 전** : 등급제, 밴드제 회사는 반드시 등급 테이블의 시작점을 아는 게 좋다. 채용 공고를 보면 대졸 공채인지, 인턴인지 전형이 명시되어 있다. 지원할 때 자세히 보자.

• **취준생** : 4년제 대학 졸업자가 대기업 합격했다고 좋아했는데 전문대 졸업자 전형일수도 있다. 입사하는 건 자유지만 금방 후회한다. 남들보다 갈 길이 배로 멀다.

• **입사 직후** : 회사에 입사하면 인사제도와 승진 관련 설명회를 매년 한 번 정도는 한다. 그때 평가 요소와 평가 방법에 대해 잘 듣고 메모해두는 게 좋다. 입사한

이후에는 승진에 대해 잘 알려주는 사람도 없고, 실제로 주변에서도 잘 모른다.

• 국가 경제와 해당 업계와 회사의 미래가 장밋빛인지 알아보자. 앞서 말한 전자공시 사이트에서 기업 정보 확인, 경제신문 보기, 업계인 카톡 모임도 도움이 된다. 나의 일이 아니라고 생각하지 말고 지금부터 공부해두기를 권한다. 당신의 일상이다.

• 스스로 충분히 승진할 만큼 성과가 있었다고 판단된다면 그 성과들을 조용히 자신의 포트폴리오로 정리하면 된다. 그렇게 해나가며 2년 가량 회사의 반응을 보는 것이다. 초년 차에야 팀내의 승진 대기자부터 밀어줘야 해서 미안하다는 답을 수긍할 수 있지만 두 번째, 세 번째도 '미안하다' 상황이 벌어진다면 조용히 포트폴리오를 가지고 움직일 때가 된 것이다.

제 3 장

라떼는 말이야, 듣고 있니?

: 입사 6~10년차

낀 세대 생쥐 군의 셀프 인생 체크리스트

올바른 월급 관리법

80년대 중반에 태어난 '쥐띠' 생쥐 군. 밀레니얼의 문을 열었다고 평가받으나 실상 60, 70년대 베이비부머 세대와 90년대생 밀레니얼 세대 사이에 끼어 있는 조직의 중간자일 뿐이다. **이른바 '낀 세대'로 불린다.** 모든 사람이 두 눈을 휴대폰 화면에 고정한 채로 조용한 출근길 열차 안. 문득 이런 생각이 든다. 내가 열심히 다니는 이 회사와 나, 제대로 가고 있는 걸까?

열차는 어김없이 생쥐 군을 어제 내린 그곳에 데려다줬고 그는 의식 반 무의식 반인 상태로 사무실에 도착했다. 멍했던 이유는 사실 따로 있다. 아래층 모 부서 대리가 비트코인으로 초 대박이 나서 회사를 취미로 다니기로 했다는 소식을 들었다. 반신반의하던 코인의 광풍이 불고, 생쥐 군 역시 한 달치 월급을 가족 몰래 투자했다. 그러나 일장춘몽이라 했던가. **어느 날 갑자기 올라간 코인은 어느 날 갑자기 영문도 모르는 사이 추락했고 월급은 증발했다.** 유독 표정이 안 좋던 선배에게 물어보니 거의 연봉을 투자했다고 했다. 그의 불행이 생쥐 군의 불행을 상쇄시켜줬지만 상황은 크게 나아진 게 없다. 전세 대출 상환액이 한참 남았고 나름 자산 헤지hedge를 한다고 사둔 인버스 주식계좌마저 거의 사망 직전이다.* 인생에 한탕이란 정말 없나 보다.

---

* 2020년 초 COVID-19가 터진 이후 그해 3월 동학개미운동이 벌어졌다. 팬데믹 상황에 외국인의 매도 물량이 쏟아지며 주가가 급락하자 개인 투자자들이 평가 절하된 대형 우량주를 사들이며 주식시장에 뛰어든 사건이다. 월 평균 4조 원인 개인 매수금액은 20년 3월 11조 원대로 급등한다. 20년 5월 기준, 개인 투자자 연간 누적 순매수는 26조에 달한다. 한 달만에 정상화되며 대형주를 투자한 개인투자자는 수익이 크게 늘었으나, 이 와중에 인버스와 원유, 레버리지 등 변동성과 위험성이 큰 투자를 감행한 개인 투자자도 많다. 원유에 물린 개미, 인버스에 물린 개미. 남 이야기가 아니다. 우리 주변 과장님, 부장님의 이야기다.

5년 전 부동산 투자를 망설이던 스스로를 원망하며 오늘도 정시보다 1시간 일찍 출근했다. 생쥐 군의 출근 시간은 오전 8시~8시 반. 왜 새벽 6~7시 반부터 출근하는지 알 수 없는 임원님과 9시가 다 되어야 출근하는 후배님 사이, **긴 세대 생쥐 군의 출근 시간은 지금 그의 위치만큼이나 어정쩡하다.** 10여 년간 회사 생활을 하는 동안 주변 사람들 절반 이상은 결혼을 했고 그 사이에 아이도 태어났다. 10년 전보다 용기 레벨이 현저히 줄어든 지금, 생쥐 군은 자의 반 타의 반으로 회사를 다니고 있다. 그것도 아주 열심히.

한참 일하고 있던 오후. 오늘도 나와 직급 연차 차이가 10년이 족히 넘어 보이는 어느 사원이 예의와 절차도 무시한 업무 도발을 해온다. 저것을 죽여 살려 주먹을 불끈 쥐었지만, 이내 친절하게 안내한다. **호칭을 내려놓고 직장 민주주의를 실현하자고 선언한 회사들이 점점 많아지고 있다.** 취지와 방향은 맞으나 현실은 모든 사원만 평준화된 반쪽짜리 민주화랄까? 마치 군대에서 열심히 10년 동안 선임들 수발 다 들고 이제 갓 병장이 됐는데, 갑자기 소대장 아래는 모두 같은 계급이라고 선포된 느낌. 웃긴 건 중대장, 대대장 보고와 지시 체계는 그대로라는 사실. 밖에서 보기에 직장 문화 참 좋아진 것 같지만 어설픈 평준화로 아랫동네는 초토화되는 중이다.

예전 같으면 선임이 타이르고 어르고 달래가며 후배들의 기본기를 가르쳤겠지만 **요즘 직장에서 누가 누구를 가르치는 일은 드물다. 각자 살아갈 뿐.** 화를 낸다고 달라지는 건 없다. 젊은 꼰대가 되지 않게 마음을 다잡아야지. 80년대생 늙은 평사원들끼리 평준화할 거면 대표, 임원도 다 같이 해야 하는 것 아니냐며 툴툴거리는 데는 다 이유가 있다. 그저 답답한 마음에 우리끼리 하는 말이다. 민주주의 사회에서 말도 못하나? 못한다. 그분들 앞에서는. 위로도 아래로도 아무 말도 못하고, 돈도 없고 소처럼 일만 하고 있는 내 인생 정말 괜찮은 거니?

사실 생쥐 군 세대의 직장인들이 조직의 허리다. 회사의 수익을 책임지고 실질적인 기획을 도맡아 하고 있다. 임원들은 팀장을 찾고 팀장은 우리를 찾는다. 수당 1원도 더 나오지 않음에도 책임과 업무의 양은 팀장급, 아니 어떤 때는 임원급. 어느 경제학자의 말처럼 적어도 월급의 7배는 벌어야 하는 우리. 제 몫을 하느라 정신 없이 하루가 간다. 누가 이 따위 목표를 줬어! 누군가 외친다. 미안, 우리가 했다. 리더가 지켜보는

가운데 스스로 달성하기에 상당히 무리가 있어 보이는 목표를 짤 수 밖에 없었다. 더 높이 더 멀리. **회사 사전에 불가능이란 없다.** 목표 달성을 종교처럼 믿으며 앞만 보고 달려간다. 그렇게 일주일, 한 달이 가고, 어느새 분기, 연 마감을 하라고 재촉한다. 그렇게 10년이 흘렀다. 참 많은 것을 했는데 손에 잡히는 게 없다.

생쥐 군은 학창 시절, IMF로 세상 대부분의 가정이 무너지는 걸 보았다. 다리가 끊어지는 것도, 건물이 쪼개지는 것도 보았다. 대한민국 축구가 세계 축구 4강에 올라 사람들이 온 길거리로 쏟아져 나왔을 때에도 대학 갈 놈은 다 갔다. 이례적인 성과와 짜릿한 골 장면을 보며 이제 열심히 일한 만큼 보상받는 시대가 오겠구나 싶었다. 문어발식 지원과 시행착오 끝에 남들이 좋다고 하는 회사에 어렵게 입사했다. 한 분야에서 10년 정도 일하면 회사의 임원은 당연히 되는 줄 알았다. 혹은 스타트업 대표가 되고 유명 잡지에 이름을 날리거나. 그러나 이제는 앞선 세대의 '나 때는 말야'로 시작하는 이야기가 부럽다. **회사에서 열심히 일하는 것이 미덕이던 시대. 그러나 그때는 맞고 지금은 틀리다.** 요즘 신입사원은 그 시절 선배들이 생각하는 '우리 애들'이 아닌 것처럼 세상은 변했고 노력과 보상이 일치하던 시절도 끝났다. 어제와 비슷한 내 인생이 어느 날 갑자기 4강에 오를 일은 없다.

팀장이 지시한 프로젝트를 완수해나간다. 내가 봐도 멋진 보고서. 돈이 안 되는 건 이렇게 기가 막히게 잘한다. 문득 그런 생각이 든다. 10년간 회사를 둘러싼 강산은 변했지만 나는 달라진 게 없다. 변하지 않는다면 회사는 나를 언제까지 사용해줄까?

저녁 6시 반. 후배들이 모두 떠난 사무실. 팀장급들은 여전히 자리를 지키고 있다. 아직 회사에 미래와 미련이 남은 사람들이다. 누가 가지 말라는 소리는 안 했지만 생쥐 군은 몇 번 고민하다 주섬주섬 짐을 챙긴다. 적적한 퇴근길, 오늘도 나 대신 열심히 일했을 주식 창을 연다. 전업 투자자들은 오전 9시가 되기 전부터 가슴이 설렌다고 한다. 나도 한 번쯤은 다른 이유로라도 월요일 오전 9시부터 설레봤음 좋겠다, 라고 생쥐 군은 생각한다. 내가 일하는 사이 너도 참 애썼다. 파랗고 빨간 나의 주식 그래프야. 애쓴 만큼 꼭 결실을 거두기를 바란다. 언젠가는.

10년차 과장님을 위한 셀프 경제 체크리스트

• 신입사원때부터 매월 116만 원 잘 모았는가?(30쪽 참조) 지금 나의 자산을 돌아보자. 현금, 주식, 연금을 합쳐 10년이면 1.4억이 모여 있어야 한다. 연 5% 수익관리를 나름 잘했다면 +α여야 하는데 현재 잔고는 얼마인가?

• 개인적으로 좋아하는 경제전문가 김성일 작가의 책에서 눈여겨볼 만한 문구가 있어 옮겨본다. 2017년 기준 평균 연봉인 2720만 원을 은행이자로 받으려면 예금금리 2%일 경우 대략 원금이 18~21억 원이 있어야 한다. 당신의 연봉은 약 20억 원어치 당신의 노동

력을 회사에 맡겨놓고 받는 이자다.[*] **연봉 4천만 원이면 26억, 5천만 원이면 33억, 6천만 원이면 40억 원 예치가 필요하다. 연봉 6천만 원을 받고 있는데 퇴사를 생각하는가? 수중에 40억 원이 있으면 오늘 퇴사를 질러도 된다.**

• 월급 외 투자 소득은 관심과 참여에서 비롯된다.[**]

• 지금 말하는 아래 항목에 아직 가입 전이거나 불입하지 않는 경우라면 지금이라도 늦지 않았다. 상세한 가입 및 불입 조건은 포털에서 검색 후 서류를 챙겨 관련 은행이나 기관에 방문해보자.

---

[*] 출처 : 《마법의 연금 굴리기》, 김성일 지음, 72~73쪽.
[**] 유튜브 〈M과장〉, '경린이, 월급 외 투자소득 만들기' 시리즈 참고.

- **현금저축** : 월급의 50% 혹은 120만 원 (1억 프로젝트)

  7년 만에 1억 모으기 위한 초보자용으로 월 120만 원

  이상 저축 필요.

- **청약통장** : 월 10만 원 (MAX 인정 금액)

  청약용. 당장 집을 사는 게 아니어도 밑져야 본전.

- **연금저축** : 연 400만 원 | 월 33만 원

  소득공제 항목이며 퇴직 시 수령할 수 있다.

- **IRP** Individual Retirement Pension : 연 300만 원 | 월 25만 원

  개인형 퇴직 연금. 퇴직금을 노후자금으로 활용할 수

  있다. 소득공제 항목이며 퇴직 시 수령할 수 있다.

Level 2

- **ISA** Individual Savings Account : 연 최대 2000만 원 (성과급/명절 상여금)

개인종합자산관리 계좌로 여유자금 명목. 3~5년 거치 가능하며 순수익 200만 원까지 소득 합산 비과세 대상이다. 재형저축*과 불입 한도를 같이 쓰므로 선택과 집중이 필요하다.

- **국내ETF** Exchange Traded Fund + 우량주 : 월 소득 10~20% 내외 등락은 있지만 주식은 끝내 우상향한다. 주식이 무섭고 잘 모르겠으면 지수(ETF, 주식처럼 거래가 가능하고, 특정 주가지수의 움직임에 따라 수익률이 결정되는 펀드)에 투

---

*   2015년 12월 31일부로 판매 종료된 만기 10년 적립식 저축상품 (이자, 배당 비과세 혜택)이다. 매년 정부에서 1월에 홍보하는 금융제도, 절세상품은 항상 눈여겨볼 필요가 있다. ISA 한도를 늘리기 위해서는 만기가 다가오는 재형저축의 분기 불입 한도를 낮추면 된다.

자하자. 단, 우량주에 투자하면 지수가 빠졌다가도 회복할 수 있지만, 레버리지**에 잘못 투자하면 주가가 오르락내리락하면서 계좌가 녹아내릴 수 있다. 주식으로 5%이상의 수익은 추구하되 10% 이상의 과한 욕심을 버리자.

Level 3

• **해외ETF + 가치 & 성장 & 배당주 직접 투자 : 월 소득 10~20%** 내외, 평생 가져갈 주식으로 소액투자 혹은 배당주

미국의 성장주는 국내 주식이 따라가지 못할 만큼의 높은 성장률을 보이고 있으며, 배당주는 월 배당, 분기 배당도 있어 포트폴리오를 잘 짜면 매월 배당소득을 얻을 수도 있다.

** 금융에서 실제 가격 변동률보다 몇 배 많은 투자 수익률이 발생하는 현상을 지렛대에 비유하여 '레버리지(leverage)'로 표현한다.

• 한국인이 미국 국유 IT 기업의 주식들을 왜 선호하는지 그 기억의 주가 상승률을 보면 이해할 수 있을 것이다. 관심의 끈을 놓지 말자.

• 투자할 기업에 대한 공부는 경제 유튜브와 증권사 리포트를 참고한다. 개인적으로 자주 보는 경제 채널은 아래와 같다.

슈카월드(경제 이슈+상식+재미) / **삼프로 티비**(경제 이슈+시장 분석+전문성) / **신사임당**(돈 버는 방법+인터뷰) / **소수몽키**(미국 주식) / **815머니톡**(경제 패널 인터뷰) / **김단테**(해외 경제 이슈 해석+자산가) / **런던오빠**(경제 이슈+기업 비화) / **김작가TV**(다양한 패널 인터뷰) / **돌디**(경제 상식)

경제 초보자라면 재미도 있는 **슈카월드**나 개념정리를 쉽게 해주는 **돌디**를, 경제 분야에 지식이 조금 있는 편이면 세계 시장에 대해 설명을 잘해주는 '오건영 팀장님'의 영상을 추천한다. 더 넓은 시각을 위해 개인 기호에 맞는 경제 채널은 꾸준히 구독하는 것을 추천한다.

- 위에서 언급한 모든 건 증권계좌 하나로 웬만큼 다 해결된다. 위기 속에 기회는 오는 법. 아직 늦지 않았다.

- 해외 주식 보유는 자산의 일부를 달러, 유로 등 기축통화로 보유하는 효과를 준다. 이율이 낮은 달러 예금보다는 훨씬 나은 선택.

- 금 : 요즘처럼 현금의 가치가 지속 하락하는 시기에는 자산의 일정 비중을 금에 투자하는 것도 필수적이다. 현물로 사는 것은 별도의 비용이 소요되므로 국내나 해외 주식시장에 상장된 ETF 구매를 추천한다(GLD, IAU 등). 신문기사나 시중에 풀린 정보를 보고도 충분히 효율적인 자산 배분을 할 수 있다. 단, 금이 올랐다는 기사를 보고 금을 사는 방식으로는 돈을 모으기 어렵다. 늘 경제의 흐름을 보면서 한발 빠르게 투자하는 것이 좋다.

매슬로 형님과 함께 보는 '회사 생활 5단계'

비법 특강. '이직해야 할 때' 알려드립니다

"나 요새 힘들다. 이제까지 뭐 했나 싶어." 4년 동안 같은 팀에서 일했던 선배가 오랜만에 만났을 때 첫 마디로 건넨 말이다. 12년 넘게 누구보다 열심히 진정성을 가지고 일해온 선배인데, 승진도 불투명하고 모아놓은 돈도 많지 않고 답답한 순간이 찾아왔다.

• 회사 생활 1~2단계 – 생존과 안전

매슬로는 인간의 욕망 단계를 5개로 나눠서 설명했다. 생리,

안전, 애정과 소속, 존경, 자아실현의 욕구. 우리가 구직을 하는 단계는 이 5단계 중 생리적 욕구에 해당하는 생존과 안전의 욕구와 맞닿아 있다. 취업하지 못한 사람을 바라보는 여러 시선과 나 스스로 느끼는 불안감. **창업할 돈도 용기도 없는 나는 오늘도 자기소개서를 수정한다.** 나의 안위를 위해 가장 무난한 방법으로 취업 준비. 회사는 이 사실을 너무 잘 알고 있다. 생존에 허덕이는 수많은 어린 양들이 '일단 들어가고 보자'는 마음으로 돌진하고 있다는 걸. 그래서 굳이 기준을 낮출 필요도 없고, 없던 인턴 제도를 만들어 사람들이 자주 나가는 직무에 집중 채용하고 있다. 보다 쉽게 인재를 활용할 수 있는 온갖 방법을 구상하고 있는 것이다. 이를 테면 "최고의 가성비를 찾아라."

• 회사 생활 3단계 – 애정과 소속

사원증과 명함을 받고, 회사 커피숍에서 할인받은 모닝커피 한 잔을 들이키는 막내 사원. 잠깐 맛보는 소속의 즐거움에 취해 몇 년 열심히 살다 보면 세월 가는 것은 금방이다. 분명 파릇파릇한 사회 초년생이었는데 어느새 만나는 친구들마다 요새 힘드냐며 내 안색을 걱정한다. 벌어둔 돈을 쓸 데가 온 것인가. 가는 세월 치맛자락이라도 붙잡을 요량으로 피부과 예약을 잡아본다. 통장의 돈이 괜히 스치는 게 아니다. 소비 패턴은 급여 수준만큼 동반 상승한다. 급여와 카드값은 통장을 중심으로 무한 도돌이표를 그린다. '급여 ➡ 카드값 ➡ 당분간 회사 생활 계속하는 걸로 결론 ➡ 그렇게 힘들지만은 않다고 자기 위로 ➡ 급여 ➡ 카드값 ➡ (⋯) 이렇게 뫼비우스의 띠를 돌며 세월이 또 그렇게 지나간다.

• 회사 생활 4단계 – 존경

지금부터 몇 가지 유형을 열거할 예정인데 이 책을 보는 노약자, 취준생 및 신입사원들은 너무 충격받거나 사회인 모두가 그렇다고 생각하지는 말 것. 앞으로 이야기할 사례들은 14년간의 조직생활 중 실제로 겪고 목격하고 주변에서 전해들은 **21세기 현재 대한민국에 실존하는 인간들**이다. 이들 중에 누굴 존경하고 싶은지 골라보자. 신입사원과 둘이 먹은 밥값 12000원 계산서를 받아들고 신입사원 손에 6000원 쥐어주는 인간, 자기 뜻대로 안 될 땐 욕부터 하는 인간, 올해 목표와 다짐을 쓰고 여자들은 입술 도장을 찍으라는 인간, 막내도 총무도 아닌 여직원을 콕 집어 캔커피 셔틀을 시키는 인간, 회사 돈으로 자기 집 반찬거리 쇼핑하는 인간, 회식의 마무리는 도우미 노래방만 골라서 가는 인간, 심지어 그 자리에 같이 가는 팀원들만 진급시키는 인간, 임원의 술시중을 위해 굳이 멀리 앉은 여직원을 자기 자리로 인도하는 인간, 유부남이면서도 본인을 한번 만나보는 게 어떻겠느냐고 진지하게 묻던 인간, 술만 먹으면 여직원 손을 주물럭대던 인간, 술만 먹으면 남자든 여자든 안고 입 맞추려는 인간.

남자 후배들도 본인이 당하면 굉장히 싫어하면서도 이의 제기하기는 애매하다는 의견이 많았다. 다음 날이면 너무 멀쩡하고 너무 일도 잘하는 평범한 선배들이었기 때문이다. 지금도 여전히 회사 잘 다니고 가정도 잘 꾸리고 계시는 분들이 참 많다는 게 더 경악할 만한 일이다. 다양한 사례를 여과 없이 지켜보고 듣다 보면 결혼을 하기는 해야 할까 다시 생각해보게 된다. 내 남편, 내 아내는 절대 아니라고 누가 자부하겠는가? 내 배우자의 실체는 나보다 옆자리 동료가 더 잘 알 수도 있다.

우리는 분명 학교에서 추행과 불평등은 나쁜 것이라 배웠는데 이런 하자 있는 존재들도 회사에서 인정받고 더 높이 올라가기도 한다. 인성과 회사에서의 위치는 일치하지 않을 수도 있다. 자기 자식만 귀하고 남의 아들, 딸 귀한 줄 모르는 사람은 리더의 자격이 없다. 본인의 그 귀한 아들딸들이 똑같이 당해봐야 정신을 차릴까? 언제나 한 번씩 블라인드에 오르는 팀장, 임원은 스스로의 이야기임을 잘 알 것이다. 그 어느 때보다 부지런히 신고 버튼 누르기 전에 내가 누구에게 상처를 주었는지 생각해보기를 바란다. 누군가의 존경을 받을지, 술자리 안주가 될지는 스스로 결정하는 법이다.

• 회사 생활 5단계 - 자아실현

회사 생활에서 소위 현실 자각 타임을 맞기 전에 가끔 연차별로 나의 모습이 어떤지 돌아볼 필요가 있다. 그리고 나의 최종 목적지가 사업가인지, 회사의 임원인지, 전문가인지 그려봐야 한다. 생각한대로 이루어진다고 하지 않는가? 물론 생각에서 그치면 안 된다. 행동은 필수다. 어디에서든 무엇이든 일단 시작하자는 마음에 달려들었다가는 4~5년 눈깜짝할 새에 지나

가고 '나 지금까지 뭐했지?' 하는 순간이 온다. 오늘 인생 현타 온 선배의 이야기는 남의 이야기가 아니다.

M과장의 노하우 NOTE

이직할 때를 알려주는 꿀팁

• **내 인생의 만다라트를 적어보자.** 내가 집중해야 할 것
이 어떤 것인지 확인할 수 있다.(243쪽 부록 참조)

• 1년차부터 3년, 5년, 10년차까지 나의 직무와 위치,
하고 싶은 일들을 적어보자.

• 당신이 '이직을 준비해야 하는 순간'은 바로 그 인생
계획에 차질이 발생한 해로부터 ±1년이다.

순수한 안녕

친구와 인맥관리 사이

"새해 복 많이 받으세요" 어린 시절 연말이면 어김없이 동네 팬시점에 들러 크리스마스 카드와 연하장을 골랐다. 한 해 동안 매일 얼굴을 본 친구지만 그에게 전할 말을 정리하며 꾹꾹 써 내려간 글. **적어도 그때 우리의 인사는 순수했다.** 직장인이 되면 연말, 새해, 명절이면 어김없이 의미 없는 안부 연락이 쏟아진다. 예전에 함께 일했던 팀원부터 일로 만났던 사람들까지. 몇 번 휴대폰을 바꾸고 나면 저장이 되어 있지 않아 모르는 번호로 인사말이 도착하기도 한다. 누굴까? 끝까지 누구인지 모르겠지만 무응답은 어딘가 꺼림직해서 'Ctrl + C, Ctrl + V의 복사 · 붙여넣기' 신공으로 답문 인사를 보낸다. 안부인사 '복붙'은 직장인의 연례행사다.

진정한 친구를 만드는 건 학창시절이 마지막이라는 말, 거의 대부분 사실이다. 직장에서 만난 사람은 친구가 아니다. **돈을 벌기 위한 같은 목적을 위해 비슷한 스펙을 쌓고 한 공간에 앉아 있는 우리는 서로를 '직장 동료'라고 부른다.** 때로는 나를 도와주고, 때로는 나를 '빡 치게' 하는 수많은 직급의 사람들이 한날한시에 모여 1년 내내 얼굴을 마주한다. 우린 가족보다 오랜 시간을 함께 하지만 그 어느 누구도 가족보다 소중한 사람은 없다. 회사에서 만나 매일 술잔을 기울였던 가까운 술 친구라도 이직하거나 결혼하고 나면 소원해지기 마련이다. 서로 긴밀하게 지내기에 우린 너무 바쁘다.

회사에서 인간관계를 어떻게 해야 하는지 고민하는 사람이 많다. 나 역시 살갑지 못한 내 성격이 직장 생활에 결격사유가 되는 것은 아닌지 걱정할 때가 있었다. 최소 3년에서 10년 넘게 버텨야 할 이 조직에서 어떻게 사람을 사귀고 만나고 관리해야 하는 걸까? 대인관계를 잘하는 사람은 소위 라인을 만들어 승승장구하기도 하고, 못 하는 사람은 중요한 기회를 놓치기도 한다. '쟤가 왜 저기에?'라는 의문이 솟을 때는 대부분 이 조직의 높은 분의 지인의 자제이거나, 본인의 노력으로 동아줄을 잡은 케이스가 보통이다. 회사 생활에서 모난 성격을 가지고 실력만으로 원하는 보직을 얻는다는 건 결코 쉽지 않은 일이다. 인맥관리. 뭔가 비굴한 느낌이 들지만 안 하자니 찜찜하다.

인맥관리란 결국 인간관계 거름망에 걸러지지 않기 위한 최소한의 조치다. 필요할 때만 연락하는 사람처럼 얄미운 사람이 없다. 한두 번은 답해줄지 몰라도 평상시 관리 없이 매번 필요한 것만 취하려고 한다면 당신은 결국 차단당할지도 모른다. 회사에 당신을 당신 그 자체로 좋아해주는 사람은 없다는 사실을 받아들이고, 아쉬운 사람이 한 줄 인사말이라도 먼저 보내는 게 인맥관리의 시작이다. 이해관계를 바탕으로 만난 사람들이라는 기본 전제를 깔고 가면 자존심 상할 일도 기분 나쁠 일도 없다. 이건 나중에 어떤 도움을 받을지 모르기에 들어두는 보험 같은 것이다. 자신의 실력과 위치가 애매하다고 스스로 평가한다면 몇 명 정도는 관리해두는 편을 권한다.

물론 당신이 월등히 지위가 높거나 도움이 될 만한 존재라면 아무 관리를 하지 않아도 사람은 끊이지 않을 것이다. 다만 지금의 회사에서 당신이 주인이 아니라면 그 월등한 위치도 오래가지는 않는다. 팀장, 임원이라고 으스대다가 퇴사하고 잘 되면 작은 회사를 차리기도 하는데, 입점 상담 한 번 잡아보려고 현직 후배들에게 무진 애를 쓰는 선배들을 상당수 보아왔다. 내가 이직이 아닌 퇴사를 했음에도 내 예전 동료들이 연락이 곧잘 된다면 회사 생활을 나쁘지 않게 한 것이고, 좀처럼 연락이 잘 안 되는 경우라면 본인의 회사 생활을 되돌아볼 필요가 있다. 아무도 당신에게 바쁘다는 말조차 하지 않는다. 조용히 차단될 뿐. **내가 연락을 무수히 시도한 그 사람의 메신저 프로필에 사진이 아닌 맹한 화면이 보인다면 당신이 차단되었을 확률은 99퍼센트다.**

가장 쉬운 인맥관리는 새해나 명절에 짧은 안부 문자를 보내는 것이다. 이맘때면 나 역시 고민하게 된다. 이 사람한테 안부 인사를 보낼까 말까? 다음에 이 사람을 만날 가능성이 있나? 혹은 나의 평가에 영향을 줄 수 있는 사람인가? 아니면 정말 순수하게 그에게 고마웠던가? 별것 아닌 것 같은 시시한 문자지만 당신이 그 사람과 연을 이어가고 싶다면 좀 민망해도 보내는 것이 낫다. 몇 개월 이상 연락을 하지 않고 지내더라도 이따금 오는 명절 문자가 주는 효과는 분명히 있다.

물론 말 없이 이모티콘이나 이미지만 보내거나, 누가 봐도 '복붙'한 느낌이 드는 인사말은 안 보내느니만 못하다. 가끔 자신이 가진 모든 연락처를 영혼까지 끌어모아 '복붙' 신공으로 한 번에 발송한 듯한 새해 인사를 보내는 사람들이 종종 있다. 다들 비슷한 내용을 쓰고 있는 건 알지만 최소한 그 앞에 이름은 넣어주는 게 안부 인사의 예의다. 적어도 그 상대가 인연을 이어가고 싶은 사람이라면.

둘 사이의 끈을 더 확고하게 묶어두고 싶다면 이따금 '순수한 안녕'을 시도해보자. 생일이어서 주는 선물보다 아무 이유 없이 꽃을 들고 나타난 남자친구가 사랑스럽듯이 명절과 명절 사이, 아무 이유 없이 가끔 가벼운 연락을 해보는 것이다. 연락할 핑계는 많다. "어디 지나가다가 네가 생각나서 연락한다" "여기 같이 왔던 식당인데 그때 생각나네요" 같은 인사들. 그저 그 사람과 함께했던 추억을 되살릴 장소, 물건 등을 떠올리며 소소한 이야기를 주고받는 것은 그리 어렵지 않다. 최소한 이 정도로 연락할 수 있는 회사 동료라면 둘 중 하나가 결혼한다고 청첩장을 보내도 이상하지는 않다.

반대로 **누군가 나를 인맥으로도 보지 않는다면 과감하게 외면할 줄도 알아야 한다.** 회사 이메일로 청첩장을 받은 사례가 있었다. 메일의 발송인은 최고참 여자 선배였고 수신인은 그녀가 그 회사에서 얼굴을 본 모든 여자 후배들이었으며 내용은 자신이 결혼한다는 것이었다. 그녀는 같은 공간에서 생활했음에도 평소에 그 후배들에게 커피 한잔 사준 적 없고, 고민을 들어준 적도 없었다. 그럼에도 자신의 결혼식에 와달라는 청첩장을 그 모두에게 보낸 것이다. 같은 회사에 가끔 얼굴도 보는 사이인데 직접 청첩장을 준 것도 아니고 개별 문자도 아니고 회사 이메일이라니. 연차가 짧은 후배들은 거의 대부분 그녀의 결혼식에 가거나 축의금도 냈지만 그녀는 결혼식이 끝난 후에도 그 후배들에게 커피 한잔도 사지 않았다. 결론, **최소한의 예의도 갖추지 않은 초대는 '씹는' 게 답이다.**

이렇게 말하는 나 역시 성격상 인맥관리를 잘하는 편은 아니다. 그저 마음이 가는 곳에 마음을 전할 뿐. 별 건 아니지만 누군가 꾸준히 시답지 않은 나의 연락을 뜬하게라도 계속 받는 중이라면 그 역시 극소수의 사람들만 자리한 나만의 '고마움' 폴더 안에 존재한다는 사실만은 알아줬으면 한다. 많은 이에게 빈 인사 메시지를 뿌리는 것보다 진짜 마음 가는 사람들에게 연락하는 게 내 방식이다. 벌써 A사를 퇴사한 지 시간이 꽤 흘렀지만 내 인생의 스승이라고 생각하는 한 팀장님께는 매해 스승의 날에 안부 문자를 보내고 종종 찾아뵙기도 한다. 이미 이직도 했고 분야도 달라졌기에 그를 다시 만날 일은 거의 없지만. **그저 매년 같은 날, 내가 생각하는 의미 있는 날에 짧은 안부 인사 보내는 것이 내가 그를 존경하는 방식이다.**

회사에 친구는 없다. 하지만 너무 실망하지 말자. 그곳에서 우리는 순수한 안녕을 하고 싶어지는 인생의 멘토와 멘티를 만나기도 한다. 어떻게 진심을 다하느냐에 따라 그들이 우리의 인생 후반부를 함께할 진짜 친구가 될지 모른다.

애매한 청첩장에 답하는 꿀팁

· 1년 이상 연락이 없다가 갑자기 친한 척하더니 모바일 청첩장만 보내는 사람들이 있다. 앞서 말한 최소한의 인맥관리 풀에 당신이 없었다면, 그 메시지를 받은 창에서 그저 축하한다고 말해준 뒤에는 무시하는 게 답이다. **오랜만에 누군가에게 자신의 소식을 진심으로 전하고 싶다면 번거로워도 시간을 내서 얼굴을 보고 전달하는 게 최소한의 예의다.**

· 가끔 오가다 얼굴만 본 동료가 청첩장을 주는 경우가 있다. 봉투에 내 이름을 고이 적어 내민 카드를 받으면 좀 난감하다. 결혼하는 커플들에게 이것 하나는 부탁하고 싶다. 말 한 번 안 섞어본 사람에게는 인간적으로

청첩장 주지 말자. 조직도 보고 이름 확인해야 하는 사이라면 고이 접어두자.

- **나름 오랜 시간 회사를 다니며 아직 싱글인 내가 정한 축하의 기준은 '커피 한잔'이다.** 같은 팀을 제외하고 개인적으로 커피 한잔 하지 않은 회사 동료라면 축의금은 건네지 않는다. 물론 안 가고 안 주면 결혼식 이후 그 사람과는 인맥의 '요단강'을 건너게 될 수도 있지만 그의 결혼식에 가거나 축의금을 전달한다고 한들 그와의 관계가 바뀔 가능성은 거의 없다. **미움을 두려워하지 마라.** 커피 한잔도 같이 나누지 않은 사람이 축의금 안 냈다고 욕한다면 그 놈이 못난 놈이다.

- 다소 먼 동료라도 부모님 조사는 따지지 말고 조의를 표하라. 이건 인맥관리가 아니다. 인간 대 인간으로서 건네야 할 위로다. 기쁜 일은 선택하고 슬픈 일은 함께 하자.

보고의 정석

최초 보고, 중간 보고,
결과 보고

회사의 일은 겨울에 내리는 눈과 같다. 매일같이 내리는 눈은 그칠 기미를 보이지 않고 계속 내리고 또 쌓인다. 자주 드나드는 마당과 문 앞은 매일 치워야 하고, 어느 날은 마음먹고 지붕 위를 올라가 대청소를 해야 할 때도 있다. 1년에 한 번 정도는 더 큰 상황을 대비해 댐 공사를 하기도 한다. **회사에는 마당 쓸기같이 일간, 주간, 월간으로 하는 정기 보고와 댐을 공사해야 하는가와 같은 큰 물음에서 출발하는 비정기 보고가 있다.** 우리가 회사 생활을 하며 일 좀 한다는 평가를 듣는 보고는 정기 보고가 아닌 비정기 보고다. 우리는 다 같은 빗자루를 들고 있지만 새로운 방식으로 눈을 치운 일잘러와 댐 프로젝트를 기획한 스타는 따로 있다. 우리 모두 급여를 받고 눈을 치우고 있는데 어떻게 보고하느냐에 따라 상대방이 느끼는 업적 성과가 달라진다. 비정기 보고에서 빛을 발하는 방법은 아래 3가지 요건을 가진다.

보고는 최초, 중간, 결과 보고로 나뉜다. **최초 보고에서 중요한 건 신속성이다. 가능하면 리더가 질문한 그날이 지나기 전에, 혹은 다음 날까지 포스트잇에라도 적어서 보고하는 것이 좋다.** 예를 들어 고객센터에 전화를 했다고 가정해보자. 무언가 궁금한 게 있어서 물어봤는데 확인하고 답을 주겠다더니 하루가 지나고 일주일이 지나도 답이 없다면 상당히 답답할 것이다. 당신에게 찾아와 묻는 리더의 마음도 같다. **묻는 말에 대답하기.** 아주 쉬운 일 같은데 대답을 좀 더 신중히 확인하고 답하려다가 대답을 하지 않은 채 슬쩍 넘어가게 되는 경우가 종종 있다. 그러나 물어본 사람은 자신의 질문을 잊지 않는다. 궁금하기 때문이다.

리더의 물음에 대한 대답을 하지 않게 되는 이유는 너무 깊이 고민해서다. 확실하지 않은 것을 말했다가 정말 일이 될까 봐. 새로운 업무를 추진한다는 건 언제나 쉬운 일이 아니다. 각자의 일로 바쁜 실무자들을 설득해야 하고, 이미 빽빽한 내 업무가 더 촘촘해질 수도 있다. **하지만 물음을 성과로 만드는 사람을 리더는 유능하다고 생각한다.** 혹 성과로 만들지 못했을지라도 늘 떠오른 궁금증을 즉시 해소시켜주는 사람이라면 그를 신뢰하게 된다.

중간 보고는 센스다. 중간 보고는 문서화된 보고서를 제출하기 전, 다양한 형태로 리더가 프로젝트의 진행 상황을 인지하거나, 어떤 선택을 하게 하는 역할을 한다. 일을 거의 다 마쳤는데 향후에 방향성 자체가 달라져서 처음부터 하게 되는 경우를 경험해보면 중간 보고의 소중함을 체감하게 될 것이다. 중간 보고의 형식은 정해져 있지 않다. 구두로 보고할 수도 있고 포스트잇이나 메일로 간략하게 보고할 수도 있다. 보통 업무에 치이다 보면 중간 보고를 놓치기 쉽다. 자신은 그 업무를 하는 사람이기에 이 업무가 어디까지 흘러가고 어디에서 문제가 발생하고 있는지 잘 알지만 이는 당사자만이 아는 사실이다. **나만 아는 진실을 상급자에게 필요한 때에 알리는**

것이 중간 보고다. 중요한 프로젝트라면 특별한 이슈가 없어도 진척 사항을 한 번씩 알려주는 것이 좋다.

'넛지nudge'라는 말을 들어봤을 것이다. '옆구리를 슬쩍' 찌른다는 뜻으로 강요하지 않고 유연하게 개입함으로써 선택을 유도하는 심리학 용어다. 사람은 자기의 의견을 담는 순간 그 일을 마치 내 일처럼 느끼게 된다. 꼭 보고가 아닐 지라도 새로운 업무를 시작할 때 업무와 관련된 실무자에게 그의 의견을 묻는 것만으로도 향후 업무 추진에 도움을 받기도 한다. 이 것이 업무의 '넛지 효과'다. **프로젝트를 진행하다가 작게라도 선택이 필요한 순간에는 반드시 중간 보고를 거쳐 리더의 의사결정을 받고 진행하는 것이 좋다.** 보고할 때에는 항상 내 의견을 몇 가지 함께 제시해 리더가 바로 읽고 선택할 수 있게 구성하는 것이 좋다. 예를 들어 협력사에서 특정 문제가 발생했다고 하면 그 내용을 간략히 메일로 보내달라고 하고, 그 메일을 전달하며 사건의 개요와 내가 생각하는 대안 한두 가지를 덧붙여 리더에게 보내면 그것이 바로 중간 보고다. 보고서를 따로 만들 것도 없고 인쇄할 일도 없다. 5분도 안 걸리는 과정이지만 상당히 효율적인 업무 방식이다.

마지막으로 **결과 보고는 나를 위한 요약이다.** 직급이 올라갈수록 보고 안건이 많아지기에 가급적 보고서 한 장에 모든 내용을 담는 것이 좋다. 화려한 보고서보다 제때 필요한 요소를 담은 간결한 보고서가 낫다. 매출에 대한 결과라면 어떤 행사를 진행했고 어떤 성과가 났는지, 시사점과 보완점은 무엇인지 알아볼 수 있으면 된다. 어떤 경우는 결과 보고서를 요구하지 않을 때도 있다. 실무자도 바쁜 일상에 바로 다른 업무로 관심사가 이동하기 마련이다. 대단한 보고가 아닐지라도 간략하게 수치나 효과 등을 정리하여 메일로 보내두는 것도 좋은 방법이다. 메일에 답신이 없어도 이 메일을 본 사람들은 실무자가 업무를 마지막까지 꼼꼼히 잘 챙기고 있다고 느낀다.

결과 보고는 실무적으로도 유용하다. 성과 정리는 거창하지 않아도 된다. 프로젝트 **시행 월, 내용, 수행 성과나 매출 신장 데이터 등을 한 장 혹은 단 한 줄로 가지고 있어도 유용하게 쓰인다.** 경험상 몇 달이 지나 분기 및 반기 실적 보고의 시즌이 다가오면 누군가 다급히 와서 저번에 그 업무의 결과나 수치를 알려달라고 할 때가 있다. 이때 잘 정리된 결과 보고서 한 장은 업무시간을 30분에서 5초로 줄여준다. 사방이 하얗

게 쌓이도록 내린 눈도 언젠가 봄이 오면 모두 녹아 사라지듯이 **성과는 기록하지 않으면 어느새 모두 사라져버린다.** 매년 승진 시즌에 업무 성과를 쓰는 빈칸에 어떤 걸 쓸까 고민해본 경험이 있을 것이다. 1년간 뭔가 많이 했던 것 같은데 전혀 기억이 나지 않는다. 이직을 위한 경력지원서의 하얀 빈칸 앞에서는 더 막막해진다. 10년을 일해도 기록하지 않은 사람은 늘 쓸 말이 없다. **나 스스로에게 결과를 보고하자. 그 한 줄 한 줄이 쌓여 우리의 커리어를 만든다.**

한 장 보고서 작성 꿀팁

• <u>긴급상황 발생 시</u> : 현상(육하원칙) – 원인 – 해결책

• <u>새로운 업무 추진 시</u> : 현황(외부/내부 환경) – 추진사유 – 방안 – 비용

• <u>기존 프로젝트 조기 종료 시</u> : 현황(부진 사유) – 현재까지 성과/소요 비용 – 대안 (A안, B안 선택지 제시)

• 항상 보고는 누가, 언제, 어떻게, 왜 등의 육하원칙에 의거하여 간결하게 작성한다.

• 보고서의 기준은 해당 내용을 전혀 모르는 사람이 훑

어봐도 이해되는 수준의 보고서다. 어렵거나 복잡한
내용은 첨부로 뺀다.

경력에도
유통기한이 있나요?

커리어패스 만들기, 중급편

처음 입사할 때 마음에 품은 희망 직무와 지금 당신이 하고 있는 직무 사이에는 괴리가 있을 수 있다. 모두가 원하는 직무의 규모는 대체로 작다. 한 사람이 끼치는 영향이 큰 부서는 회사도 리스크를 줄이기 위해 어디든 다른 곳에서라도 역량을 검증받은 사람을 발령내기 마련이다. 보통 편의점 업계도 MD처럼 모수가 적은 부서로 발령 낼 때 영업 시절 실적이나 평판이 좋은 사람 중에서 선발한다. 당신의 영업 실적이 좋았고 그래서 어딘가로 선택되어 이동할 예정일 때, 더 중요한 것은 따로 있다. 그런데 당신이 하고 싶어하는 그 직무, 진짜 뭐 하는 직무인지 알고 있는가?

나는 조직의 변두리 격인 직무를 담당해본 적이 있기에 **같은 시간 일을 해도 조직이 바라보는 핵심 직무가 아니면 조직 내에서의 나의 입지가 좁다는 걸 깨달았다.** 모두 그런 것은 아니지만 보통 직무를 고를 때 회사의 핵심 부서이거나 채용시장에서 이직이 가능한 공통의 직군, 이 두 가지 중에 하나에서 시작하는 게 유리하다. 유통업계로 따지면 전자는 MD, 점포/상권개발, 후자는 인사, 재무 정도가 될 것이다. 회사에서 필요한 인력은 회사의 필요에 의해 배치되고 운영된다. 기억해야 하는 것은 회사는 개인의 진로까지 고민해주지 않는다는 것이다. 회사는 "내가 아까부터 환자 했으니까 이제 내가 의사 할래"라고 말할 수 있는, 내가 하고 싶다고 돌아가며 역할을 바꿔주는 병원놀이가 아니다. 여긴 주구장창 환자 역할만 해서 뿔이 난 내게 이제는 네가 의사 역할을 해보라고 양보해주는 친구는 없다.

당신이 상품이라고 가정한다면 유통이 가능한 제조공정을 거치고 숙성되어 출시해야 팔린다. **앞서 다양한 직무 경험이**

라는 자산은 각 최소 3년가량 지속해야 유통이 가능하다. 그 이하는 유통해도 받아주는 데가 없다. 하는 업무마다 잘 안 맞아서 혹은 가는 부서마다 나를 기피해서 1년도 채우지 못하고 메뚜기처럼 옮겨 다니는 건 오히려 최악의 경력이다. 하나의 직무만 쭉 10년 한 것보다 못하다. 부서나 회사를 너무 자주 옮기는 건 서류상으로 처음 만나는 인사팀에게 당신만은 피하고 싶은 빌미를 제공하는 것이다. 하나의 직무를 하기로 했으면 그것이 무엇이든 3년은 해야 한다. 일도 숙성 과정이 필요하다.

적어도 일할 때는 직업에 귀천이 없듯 직무에도 귀천은 없다고 생각해야 한다. 1년은 배우다가 얼렁뚱땅 지나가고, 2년 차부터 내가 해야 할 것들을 쳐내면서 새롭게 해나가고 싶은 것들이 보인다. 나의 업무를 펑크내지 않는 기본을 하면서 내가 하고 싶은 영역을 10퍼센트, 20퍼센트 조금씩 늘려나간다. 3년차에는 업무를 시작하기 3개월 전부터 뭘 해야 할지 보인다. 나의 업무를 컨트롤 할 수 있게 된 것이다. 3년간 무난히 일이 진행되고 '너 때문에 이 프로젝트가 망했다'는 소리가 나오지 않는다면 80퍼센트는 성공한 셈이다. 이제야 경력을 작성할 때 그 직무를 해봤다고 말할 수 있다. 그런데 3년을 채운 이후부터는 편해지기 시작한다. 이 업무에 능통해진 것 같고 해보고 싶은 것들도 좀 해봤기 때문에 휴가 계획을 더 촘촘히 짜고 비행기표 예약을 몇 개 더하게 된다. 회사가 놓아준 곳에 가만히 있으면 계속 불만족스럽거나 아쉬운 느낌이 드는 직무를 계속할 가능성이 높아진다. 머리가 커지면 몸도 무거워지고 겁도 많아진다. 이 순간 그 직무에 안주해버리면 어설픈 전문가가 될 확률도 급격히 높아진다. 이때 '어설픈'이라는 말이 핵심이다.

정말 이 분야가 나에게 맞고 재미있고, 전문가로 8~10년도 할 수 있을 것 같다고 느낀다면 이제 그 분야에 대해서 회사 밖의 교육이나 활동까지 고려하는 게 좋다. 보통은 한 직무에서 3~4년을 보냈다면 다른 직무에 도전하는 것을 추천한다. 보통의 회사원은 의사나 교사, 변호사 등과 같은 직종이 가지는 전문성을 갖기 어렵기 때문이다. 다른 직무의 사람에게 "거기 업무는 어때요?" 넌지시 물어도 보고 회사 시스템 내에서 공정한 지원 기회가 있으면 지원해보는 것도 좋다. 그렇게 미리 준비하고 이동하더라도 새로운 업무는 다시 처음부터 배워야한다. 귀찮은 일이지만 그래도 해야 한다. **당신의 경력이 몇 년이든 새로운 직무에서는 '직무 경력 1년차', 이제 시작이다.**

내 경우에 나의 직무는 딱 3~4년 주기로 총 네 번이 바뀌었다. 14년이라는 직장 생활이 이렇게 칼로 자른 듯이 경력관리가 이루어졌지만, 내가 처음부터 뭔가를 알아서 한 것은 아니었다. 이놈의 호기심과 뭔가 해보고자 하는 성격과 의지가 만들어낸 산물이다. **최소한 이 글을 읽는 분들은 처음부터 커리어패스의 의미를 알고 회사 생활을 했으면 한다.** 다시 배우는 것은 분명 귀찮은 일이지만 이렇게 두세 가지 영역이 손에 익으면 남들보다 나은 역량이 자신도 모르게 쌓인다. 실무를 통해 얻은 지혜는 그 어떤 좋은 책이나 가르침으로도 대체할 수 없다. 다시 한 번 말하지만 **돈 받고 배운다고 생각하면 즐겁다.**

커리어패스 꿀팁

• 커리어패스로 들어갈 수 있는 직무 역량이란 3년가량
 의 시간을 요구한다. 내가 원하든 원하지 않든 주어진
 직무에서 3년 정도 일하고 나면 얻는 것이 있다. 그것
 을 잘 정리하고 손에 익혀야 한다.

• 당신이 회사에서 보내는 인생을 아주 길게 20년이라
 고 보고 4년씩 자르면 5번이 된다. 10년으로 나누면 2
 번이다. **돈 받으면서 뭔가를 배울 수 있는 직무의 기회
 는 인생에 있어 최대 5번이다.**

• 직무 3년차로 넘어가면 내가 이 직무에 전문가가 될
 지, 다른 직무를 하나 더 경험할지, 이직을 할지 결정

할 때가 된 것이다. 고민만 하다가 휴가 계획만 꼼꼼히
잡지 말고 직무를 향해 움직여보자.

• 내가 하고 싶은 직무가 정확히 뭔지 좀 알아보고 나서
희망하는 자세를 가지자. 주변에는 정말 내가 이런 것
까지 하게 될 줄 몰랐다는 사람이 은근히 많다. 직무를
잘 알고 나면 하기 싫어질 수도 있고 나랑 안 맞는다
는 생각을 할 수 있다.

• 내가 맡을 직무, 들어갈 회사에 대해 알고 있는 현직자
에게 커피 한잔 사주면서 듣는 게 가장 좋다. 모임이나
인맥이 중요한 이유다. 업계 모임에 나가면 제일 좋고,
이도저도 아는 사람이 주위에 전혀 없으면 직무 강의
라도 신청해서 들어보자. 소액을 지불할 때도 있지만
찾아보면 무료도 많다.

그건 당신 탓이 아니다

대한민국에서 여성 직장인으로 살아남는 법

여성 임원이 배출되면 그녀를 바라보는 시선은 대부분 한 가지다. 독하다. 남자 임원을 두고 독하다고 표현하는 경우가 있던가? 여성이 직장에서 살아남기 위해서는 남자보다 두 배, 세 배의 더 많은 노력과 시련이 전제된다는 것은 사실이다. 여성은 일 외에도 수많은 편견이 담긴 시선과 소문, 그리고 추행의 위기를 헤쳐가야 한다. **세상엔 좋은 동료들이 더 많지만 여성 직장인이 겪는 불편한 진실 또한 현실이기에 한 챕터를 구성했다.** 물론 조직 내에서 남성 직장인이 느끼는 불편함도 분명 있다는 것도 인정하지만 지금은 나와 내 주변에서 체험한 여성 직장인의 현실을 이야기해보고자 한다. 남의 이야기가 아니다. 이것은 내 옆에 앉아있는 동료, 내 아내, 여동생의 이야기일 수도 있다.

30대가 넘어 이직 준비를 할 때, 자소서는 잘 합격하는 편인데 면접에서 번번이 떨어졌다. **나의 직무에 대해 물어오던 면접관의 마지막 단골 질문은 "결혼하셨나요?"였다. 안 했다고 하면 이어서 묻는다. "그럼 결혼 계획은 있으신가요?"** 누가 나이와 성별에 대한 편견이 없는 사회라고 했나? 내가 겪은 대부분의 경력직 이직 면접장에서는 결혼과 남자친구 유무가 나의 역량보다 더 큰 관심사였다. 내게 그 질문을 하지 않은 건 가장 마지막 면접을 보고 합격한 현재 회사뿐이었다.

회사가 적정수준 이상의 비용을 들여 경력자를 채용했는데 "저 결혼해요, 임신했어요"라며 입사한 지 1, 2년만에 자리를 비운다면 채용한 당사자도 난감할 수밖에 없다. 그래서 아예 리스크를 없애고 싶은 그 마음, 이해는 한다. 나는 면접장에서 받는 질문의 수준과 불합격이 억울했지만 주변 이야기를 들어보니 서른이 넘은 여직원들은 서류부터 통과되지 않는 경우가 더 많다고 했다. 그러고 보니 새 직장에 합격한 이후, 그해 합격한 경력직원이 한데 모여 교육받는 자리에 여성은 나 혼자였다. 그때 생각했다. 그 많던 여성 동료들은 다 어디로 갔을까?

상대방이 기혼이든 비혼이든 이혼을 했든, 남자친구가 있든 없든, 아이가 있든 없든, 상대방이 하는 일과 관련이 없는 개인사는 묻지 않아야 한다. 직급여하를 막론하고 당신의 의견을 더할 이유가 전혀 없는 영역이다. 본인이 좋은 결혼생활을 경험했다고 해서 상대방이 꼭 그것을 해야 할 이유는 없다. 낳아준 부모에게서도 이런 류의 질문을 받기 싫어서 명절에 해외로 떠나는 마당에 회사에서까지 사적인 질문을 받아야 할 이유가 무엇인가? 결혼, 연애, 출산 등의 문제는 존중받아야 할 개인의 선택이며 사생활이다. 특히 밀레니얼 세대와 잘 지내고 싶은 상사, 꼰대가 되기 싫은 조직의 리더라면 이점을 꼭 기억해주기 바란다.

여성 직장인은 불필요한 소문과 추행에 시달린다. 너무 예뻐도 못생겨도 말라도 살이 쪄도 입방아에 오른다. 사내에서 남자라도 만난다고 하면 더 난리다. 나 역시 14년이라는 시간

동안 좋은 사람들을 만난 만큼 이상한 사람도 많이 만났다. 보고하러 들어갈 때마다 웃통을 벗고 팔굽혀펴기를 하던 상사. 주말에 드라이브 가자던 유부남 상사, 술만 먹으면 밤 11시든 12시든 지금 당장 나오라고 계속 전화하던 선배. 그들이 내게 쉽게 추근댔던 이유는 자신이 나보다 지위가 높아 접근하기 쉽고, 내가 그들보다 나이가 어렸기 때문이라고 생각한다. 14년 간 지리멸렬한 일들을 겪고 나니 이제는 웬만한 부적절한 언행이나 행동에 대해서는 상대방이 역으로 뜨끔하게 느낄 정도의 농담으로 되갚아줄 만큼 내공이 쌓였다.

그러나 성추행 사건에 있어 누구도 나는 아닐 거야 자신해서는 안 된다. **나처럼 성희롱 대처는 자신이 있다고 생각했던 한 직장인 여성이 있었다. 그녀의 이야기에 나는 경악할 수밖에 없었다. 그녀가 겪은 일은 실화이고, 우리 주변에서 가장 흔히 일어나는 성추행의 유형이니 주의 깊게 들어주기 바란다.** 출장지에서 유부남 팀장이 초콜릿을 줬는데 모두에게 주는 것이라고 생각하고 의심 없이 받았다고 했다. 그런데 문제는 그 이후였다. 그 팀장은 회식 날 자리가 파할 무렵 자기 집 방향도 아닌데 끝까지 그녀를 쫓아와서는 그때 그 초콜릿이 여자에게는 처음 주는 선물이라는 둥, 그걸 그녀가 남자친구랑 먹어서 화가 난다는 둥 이상한 소리를 해댔다. 결론은 둘이 술 한잔만 더 하자며 고집을 부렸고, 그 후로도 추근거림은 계속됐다. 그녀는 참다못해 강력한 거절 의사를 전했다. 그 팀장은 당황해서 팀원 지도 차원이었다며 둘러댔지만 그녀는 끝내 사과를 받아냈다. 그는 이 문제를 더 이상 키우지 않았으면 좋겠다는 말로 상황을 마무리했다. 그녀도 일 외에 자신이 여성이라서 겪은 일로 남들에게 회자되는 게 싫었기 때문에 그것을 끝으로 일언반구하지 않았다고 했다. 그러나 진짜 문제는 그 다음부터였다. 그때 그의 사과는 악어의 눈물이 아닌 악어의 사과였던 것이다.

그 이후로 그녀의 직장 생활은 지옥 그 자체였다. 그 팀장은 그 업계에서 오랜 기간 일 해온 사람이었고, 자기가 아는 모든 라인을 동원해 그녀가 '이상한 애'라고 소문을 내기 시작했다. 그녀가 보고하러 갈 때마다 자신의 생각은 다르다며 퇴짜를 놓기 일쑤였다. 당연히 그녀의 인사고과는 바닥이었다. 후임 팀장이 이상하다고 생각할 정도의 비정상적인 정성 평가를 받기도 했다. 회사 생활 내내 A 아니면 S를 받아왔던 그녀였다. 수년간 소중한 일궈온 그녀의 직장 커리어가 팀장 한 명으로 인해 구렁텅이에 처박힌 셈이 되었다.

한동안 그녀는 자책했다고 했다. 정말 자신이 이 일에 맞지 않는 사람인가, 회사 생활에 부적합한 인력인가. 건강하던 몸은 아프기 시작했다. 오죽했으면 그의 추행에 발끈하는 대신 참고 일을 배우는 게 맞는 방향이었을까 하는 말도 안 되는 생각마저 들었다고 했다. 고통스러운 시간 끝에 그녀는 결국 그 회사에서 더 버티는 대신 이직을 선택했다. 지금은 새로운 곳에서 업무 성과도 잘 내고 있고 동료들과도 잘 지낸다고 했다. 현재 함께 일하는 상사로부터 그녀가 회사에서 손에 꼽을 만큼 좋은 역량을 갖춘 인력이라는 평가를 듣기도 한다고.

그녀가 겪은 일들은 특별한 경우가 아니다. 지금도 그와 같은 일들이 어디에선가는 일어나고 있다. 가슴 아픈 것은 대부분의 경우 피해를 입은 당사자가 가해자를 탓하는 대신 스스로 자책부터 한다는 것이다. **당시 그녀가 겪은 건 성추행과 직급에 의한 억압, 그리고 부당한 인사 조치였다.** 이렇게 여성이라는 이유만으로 뜻하지 않게 소문과 추행에 휘말리는 케이스는 자주 발생한다. 그런 위기가 나의 성별로 인해 비롯된다는 사실을 마주했을 때, 비단 유리 천정은 진급에만 해당되는 것은 아니다.

다른 사건 대비 다소 가볍게 여기는 성추행과 진심이 담기지 않은 사과, 그리고 인사보복. 정확히 이런 패턴이다. 이러한 사건이 발생했을 때 주변 사람들이 다소 가벼이 여기는 것 또한 사건을 키운다. '그 정도는 그냥 네가 참아' 하는 바람에 피해자의 상황만 곪아터지는 것. 누군가 당신에게 성추행의 불쾌함을 고민하고 상담해온다면 성심성의껏 그 사람이 이 상황을 헤쳐 나갈 수 있도록 물적, 심적 도움을 주기 바란다. 오히려 떠들썩한 뉴스의 강력한 성폭행 사건보다 이런 형태의 성추행이 더 많이, 흔히 일어날 수 있는 유형이다. 그녀가 여성이 아니었다면, 그녀가 그 팀장과 트러블이 없었다면 직장인으로서의 그녀의 인생은 달라지지 않았을까?

이런 때 나를 화나게 하는 건 피해자의 영혼과 경력은 피폐해졌는데 비열한 그 상대는 잘 먹고 잘 살고 있다는 사실이다. 어디 그놈뿐일까? 회사마다 이런저런 스캔들이 있음에도 당당하게 얼굴을 들고 다니는 인간이 너무나 많다. 사건이 있었음에도 여전히 회사에 남아 잘 다니는 그들은 대부분의 경우

사내 정치의 동아줄을 잘 잡아서 이 정도의 스캔들에는 끄떡 없다. 그러나 그 스캔들 피해자의 가슴과 경력은 그 일을 계기로 무너져 내린다. 이 글을 읽는 누군가가 직장 내 성추행으로 괴로운 시간을 보내고 있다면, 상사의 인신공격과 정치공작에 시달리고 있다면, 이 말을 꼭 해주고 싶다. 절대 당신 탓이 아니다.

성추행 타파 꿀팁

하나. 회식 자리

술만 들어가면 나쁜 손이 되는 사람은 정해져 있다. DNA에 '만짐 회로'가 저장되어 있는 인간들이다. 무조건 그 사람 옆에 앉는 것만 피해도 어느 정도 편안한 회식을 즐길 수 있다. 술만 먹으면 여직원 손을 주무르던 협력사 사장이 있었다. 어느 날은 자리를 피해도 따라오며 술을 권하고 은근히 손을 만지길래 손을 확 빼고 똑바로 쳐다보고 물었다. "내일부터 저희랑 거래 접으실 건가봐요?" 그는 취한 척하더니 얼른 정신 차리고 고쳐 앉았다. 여자보다 좋은 게 돈인 것 같다. 물론 저 대응은 업무상 관계에서 내가 아쉬울 게 없는 쪽이었기에 가능한 것이겠지만 그것을 떠나서도 '여기에서 더 나가면 당신에게도 좋을 게 없다'는 메시지를 전달할 필요가 있다. 무엇보다 **이런 말을 건넬 때 포인트는 말투는 가볍게 하되 표정은 정색하며 말해야 한다는 것이다.**

둘. 유부남 퇴치법

유부남이 호감을 표할 경우 정신을 잘 차리고 둘만의 자리를 절대 만들지 않는 게 최선이다. **유독 당신에게 살가운 유부남 팀장과는 단 둘이 식사나 술을 하는 자리를 만들지 않는 게 좋다.** 아무 일이 없었고 내 힘으로 승진했는데도 나중에 묘한 소문에 휘말릴 수 있다.

셋. 입이 더러운 상사 퇴치법

악의 없이 위험수위를 넘나드는 농담을 하는 사람도 정해져 있다. 대부분 그 사람의 농담 수위가 위험 수준인 것을 주변 사람들이 다 느낄 때 내가 자주 하던 말이 있다. **"요새 그런 얘기 잘못하면 회사 오래 못 다닌대요."** 언뜻 듣기에는 센 말이지만 즐거운 분위기에서 천진난

만하게 농담처럼 하면 듣는 사람도 발끈하지 못한다. 덧붙여서 나는 괜찮지만 다른 어린 양이 상처받을 수도 있지 않겠냐는 식으로 쓱 넘기면 더 반박하지 못한다. 이런 상황이 몇 번 반복되고 그가 생각이 있는 사람이라면 적어도 당신 앞에서는 그런 류의 이야기를 하지 않게 된다. 뒤에서 욕은 할지도 모르지만 그게 무슨 상관이랴.

넷. 성희롱 참교육법

누군가의 신고로 성희롱 상황에 대해 사내 진단팀의 조사가 진행된 적이 있다. 한 명씩 불려 들어가서 당시 상황을 설명하는 일이었다. 어차피 같은 회사 동료고 굳이 그렇게 고압적으로 조사할 필요가 없는데도 진단팀 직원은 은근히 무게를 잡으며 으스댔다. 앞서 들어갔던 팀원이 묘하게 기분 나쁘다며 투덜댔고 나 역시 고압적인 태도를 느꼈다. 그때 나는 그에게 정중하게 이야기했다. "그런데 이런 거 조사하실 때 여직원이랑 단 둘이 있으면 문은 열어두시는 게 좋아요. 나중에 다른 일로 과장님이 조사받으실 수 있어요. **기분이라는 게 참 상대적인 거라.**" 그는 그 자리에서 문을 열고 방금 전보다 유순한 태도로 남은 질문을 이어갔다. 성희롱, 성추행은 상대가 성적으로 기분이 나쁜 모든 경우에 해당한다. 내 얼굴이 붉어지고 알쏭달쏭하다는 건 기분이 나쁘다는 몸의 신호다. 여군은 업무 환경 특성상 성추행의 정의와 사건사고 유형에 대해 일반 직장인보다 깊게 배우는데, 그때 보고 들은 게 두고두고 쓸모가 있을 때가 많았다. 상대방보다 지식과 경험이 많으면 우위를 점할 수 있다.

뭔가 기분이 묘하게 나쁜데 퇴치할 말이 없을 때는 상대를 걱정해주는 말투로 성희롱에 대한 참교육을 시켜주면 된다. 요새는 SNS로 사건 사고도 급속도로 전파되는 시대라 까딱 잘못하면 성 관련 사건으로 모든 것을 잃을 수도 있다. 그래서 대부분의 보통의 남성들은 참교육 현장에서 "이게 문제가 되나?"라며 흠칫 놀라며 겁먹기 마련이다. 참교육 바로 시켜주려면 어떤 상황에 성추행이 해당되는지 알아야 한다. 피할 수 없다면 배우자.

덧붙여 여직원들도 남직원을 대할 때 조심하는 게 좋다. 기분은 정말 상대적인 것이다.

본인이 느끼기에 성적으로 기분 나쁘거나 위험한 상황이 몇 번 반복되면 **최대한 현장 증거(녹음,녹화)를 남겨라.** 위의 방법을 써봤는데도 상황이 개선되지 않을 것이라 판단이 되면, 일자별로 상세하게 육하원칙에 맞게 정리해놓고 회사가 아닌 상급기관에 제보하기를 권한다. 회사의 진단팀에 신고하는 것으로 그치면 내 신변만 공개되고 가해자는 멀쩡한 경우가 종종 발생한다. 결국 내 상황만 악화시킬 수 있다. 인권위원회, 고용노동부, 여성가족부 등 해당 건과 관련이 있는 공신력 있는 기관이나 단체에 제보해야 안 될 일도 조금은 된다.

이도 저도 잘 안 되고 무섭다면 블라인드(익명 게시판)에 써라. 모 화장품 회사 팀장의 성추행 사건, 가구 회사의 신입 여직원 추행 사건 등 모두 익명 게시판의 글 하나에서 이슈화된 사건들이다. 남의 가슴에 피멍 들게 한 자들은 세상 사람들의 비난을 받는 게 어떤 건지 느끼게 해줄 필요도 있다.

세상의 절반은 바다, 당신이 모르는 반대편의 세계

커리어패스 만들기, 고급편

수심 20미터. 말없이 고요하다. 세상의 모든 소리가 들리지 않는 유일한 곳, 바다. 스쿠버다이빙의 매력은 물 안의 고요함에 있다. 체력도 그다지 강하지 않고 겁도 많은 내 친구는 언제인가부터 스쿠버다이빙만을 위해 필리핀 시골길을 누비고 다녔다. 1년에 수 차례 틈만 나면 저가형 비행기에 몸을 싣는 친구를 보며 도대체 다이빙이라는 게 무슨 매력이 있길래? 라는 호기심이 생겼다. 막상 배우려고 알아보니 필요한 장비도 많고 여러 단계를 거쳐 자격증을 따야만 할 수 있는 스포츠였다.

할까 말까 수도 없이 망설이던 나를 결심하게 만든 건 그녀의 이 말이었다. **"세상의 절반은 바다야. 다이빙은 그 절반을 보는 방법이고. 방법을 모르면 평생 세상의 절반을 못 보는 거야."** 그 말 한 마디에 스쿠버다이빙을 배우기로 결심했고 수고를 감수했다.

배우는 과정은 매우 귀찮았다. 생명이 걸린 일이라 알아야 할 것도 많고 꼭 바다에서의 훈련이 필수이기에 속초든 제주든 필리핀이든 어디론가 마음먹고 2박 3일 이상은 떠나야만 세상의 절반을 볼 자격을 손에 쥘 수 있다. 모두 잠든 새벽, 주섬주섬 수영복을 챙겨 무거운 캐리어를 들고 집을 나설 때 드는 생각이 있다. 힘든 인생 노는 것도 굳이 이리 열심히 해야 하나. 그러다 힘겹게 자리 좁은 비행기를 타고 날아가 비포장도로를 지나 고요한 바닷속에 다다르면 생각이 달라진다. 오길 잘했구나. 배우길 잘했다.

열심히 앞사람을 따라가며 무리에서 이탈하지 않고 내 옆을 지나가는 파란 물고기를 보며 웃는 것. **가만히 보면 회사 생활은 스쿠버다이빙을 닮았다.** 처음엔 호흡기 체크하랴 앞사람 따라가랴 그저 바쁘다. 깊은 물속에선 잠깐이라도 호흡기가 OK 상태가 아닐 때, 내가 현재의 생에 얼마나 많은 집착을 가지고 있는지 알 수 있다. 그러다 조금 숨쉬는 게 익숙해지면 파랑 물고기, 노랑 산호를 보고 주변을 즐기게 된다. 물속이 편안해지면 조금 더 오래 있어볼까 하는 생각이 든다. 회사 생활도 어느 궤도에 접어들면 여유를 즐기게 되고 이대로도 나쁘지 않겠다 싶은 것과 같은 맥락이다.

이직 준비를 가로막는 생각은 '굳이 지금이어야 하나?'다. 회사에서 평가가 나쁘지 않고 그럭저럭 나를 괴롭히는 사람 없이 다닐 만하다면 더더욱 새로움에 대한 궁금증과 필요성은 줄어든다. 그렇게 3년, 5년, 10년, 한 공간에서 나를 아는 사람들과 내 손에 잡히는 업무를 하면서 10년을 보내면 다른 세상으로 나갈 엄두가 나지 않는다. 지금 배워도 새로운 곳에서 숨 쉴 수 있을지 걱정부터 앞선다. **그래서 배우지 않기로 한다. 10년차 회사원의 자기 합리화, 이건 현실이다.**

일을 착실히 잘하던 한 친구는 당장 지금부터 일하지 않아도 된다는 통보를 받았다. 보안과 관련된 일이라 통보 이후 다시 컴퓨터에 앉을 기회도 없었다. 그는 마음의 준비를 할 시간도 업무를 정리할 시간도 없이 쫓기듯이 회사를 나왔다. 회사를 다니는 동안에도 차근차근 무언가를 준비했다면 조금 덜 당황스러웠으리라 생각한다. 흔하지는 않지만 누군가에게 일어날 수 있는 일이다. 입사할 때 제출한 자기소개서와 이력서를 꺼내 본 적이 있는가? 평가자 입장으로 다시 읽어보면 웃음부터 나올 것이다. 나의 어설픈 다짐부터 말도 안 되는 포부까지. 자기소개에서 적힌 포부는 10년차가 보기에 허황된 이야기만 적혀 있다. 당신이 가진 오래된 마지막 이력서. 그것으로는 어디에도 다시 지원할 수 없다.

나의 그동안의 업적을 정리해서 자기소개서를 다시 작성하는 것은 어려운 일이 아니다. 하지만 많은 이들이 여길 떠날 일은 당장 없다는 생각에 오늘 할 일을 미루게 된다. **업무를 시작한 지 5년 이상 되었다면 회사를 다니는 데 큰 이슈가 없어도 자기소개서를 업데이트할 필요가 있다.** 1년에 한 번 정도면 충분하다. 이력서 관리한다고, 헤드헌터의 연락이 온다고 당장 이직하는 것도 아니다. 다른 회사에 경력직으로 최종 합격을 하고도 조건이 맞지 않아서 새 회사로 옮기지 않는 사람도 많다. 내 이력을 주기적으로 정비하는 것은 회사에 대한 배신도 아니다. **일을 잘하는 사람의 자기 이력 관리도 잘하는**

실력과 위치에 대한 중간 점검 방법이다. 회사가 나를 필요로 한다면 이곳에 있을 것이고, 그렇지 않다면 나를 필요로 하는 곳을 찾아가는 것은 당연한 일이다. 물론 땅에서든 바다에서든 숨 쉴 수 있는 방법을 아는 사람만이 선택할 수 있다.

요즘 직장은 빠르게 변하고 있다. 하루아침에 실직자가 되기도 하고 잘 운영되던 부문이 통째로 팔리기도 한다. **지금 시대에 잠재적 이직을 준비하지 않는 건, 건물 밖에 쓰나미가 몰려와 수위가 급격히 차오르고 있는데 물속에서 숨 쉬는 법을 배우지 않는 것과 같다.** 방법을 아는 건 귀찮을 뿐, 그다지 어려운 일도 아니다. 그저 어제와 오늘의 나를 기록하고 정리하면 된다. 특히 공채 입사를 한 경우라면 안정적인 급여와 회사의 존재 때문에 더욱 이 세계가 전부라고 생각할 수 있다. 그러나 그 세상은 생각하는 것만큼 영원하지 않다. **지금부터라도 세상의 나머지 절반을 볼 준비를 하자.**

누군가는 말한다. 실패를 두려워하지 말라고. 그에게 묻고 싶다. 당신의 호흡기를 떼고 말할 수 있겠느냐고. 지루한 회의 시간, 숨 쉴 공기가 없을 때 나의 호흡기를 바꿔 물어줄 사람이 과연 누구일지 한 번 둘러보라. **함께 어려움을 헤쳐 나갈**

동지가 정말 있는지 살펴보라. 회사는 1인당 호흡기를 하나씩
지급 받은 바닷속일 뿐이다.

현실적인 이직 준비 꿀팁

• **회사 일을 열심히 하는 것, 그리고 프로세스를 잘 아는 것이 가장 좋은 경력 이력서의 시작이다.** 오랜 기간 준비하고 끝낸 업무도 이력서에서는 단 한두 줄이다. 그러나 내가 직접 만들어낸 성과라면 면접에서든 자기소개서에서든 막힘이 없다. 남의 업적을 한두 줄 적을 순 있어도 거짓 경력은 면접장에서, 일터에서 금방 드러난다. 업무를 할 때 남한테 넘겼다고 좋아하지 말자. 당신의 경력 이력서의 핵심 꼭지를 잃은 것이다.

• 이력을 정리할 때 집에서 혼자 MS워드나 한글 파일을 열고 정리하면 잘 안 된다. 사람인 같은 구직 사이트에는 내 이력서를 공개하는 공간이 있다. 연습 삼아 이곳

에 올려보자. **현재 다니는 회사를 제외할 수 있는 기능이 있으니 내 직장 혹은 제외하고 싶은 직장을 빼고 헤드헌터만 열람 가능하도록 설정하면 된다.** 업데이트는 1년에 1~2번 정도. 최근에는 명함 어플리케이션의 마이페이지 이력만 꼼꼼히 작성해도 헤드헌터에게 연락이 온다. 그들에게 연락이 온다고 바로 이직하는 것은 아니다. 가끔 회사가 나를 힘들게 할 때 나를 필요로 하는 누군가가 있다는 사실에 자신감을 얻을 수 있다. 그리고 사람 일은 모르는 것. 늘 가능성은 배제하지 말자.

저녁 8시, 상품의 운명은 스스로 결정한다

일도 회사도 적당히 사랑하기

취업 준비생들에게 종종 듣는 질문이 있다. '이 직무가 이직하기 좋은 직무인가요?' '여기 근무하시는 분들은 퇴사하면 어떤 걸 하나요?' 아직 취업도 하지 않은 학생들의 관심사는 회사이면서 그 이후이기도 하다. 차이가 많이 나는 것은 아니지만 난 그들이 우리 세대보다 훨씬 현명하다고 생각한다. 돌아보면 입사 초기에 나와 내 동기들은 입사, 그 후의 인생까지 생각해본 적이 없었던 것 같다. 일단 들어가고 보자는 마음으로 돌진했고, 열심히 하면 정말 임원이라도 될 줄 알았다. 입사하고 나서도 왜 그리 열심이었는지 스스로도 의문인 시간들을 보냈다. 입사 10년차가 됐을 때 현실적으로 리더가 되기에는 한참 멀었고, 갑작스레 자의반 타의반 퇴직하는 선후배들을 보며 두려운 생각도 들었다. '리더가 되면 내 인생이 달라지는가?' 역시 생각해볼 문제다.

긴 인생에서 일정 기간 직장인으로 살아가며 업무능력과 경제력의 기초를 다지는 것은 내가 할 수 있는 선택지 안에서 좋은 선택이었다고 생각한다. 그러나 **정신 똑바로 차려야만 한다.** 나에게 피해를 주는 구성원과 적당히 거리를 두면서 스스로를 객관적으로 바라보아야 한다. 하나를 보면 열을 안다고 했다. 특정 부서에서 일을 못했던 사람이 다른 부서에 가서 갑자기 일을 잘하는 경우는 드물다. 회사의 울타리 안에서도 일을 못하는 사람이 밖에 나가면 크게 성공할 것이라는 건 스스로에 대한 대단한 착각이다.

내가 지금까지 해온 이야기는 회사에서 일을 잘하는 사람이 되자는 취지의 것이었지만 스스로를 위한 것이기도 하다. 상사 몰래 시간을 때운다고 좋아할 일도 아니다. 나중을 생각하면 오늘의 월급 루팡을 부러워할 이유가 전혀 없다. 스스로 일을 잘하는 방법을 고민하고 터득하는 와중에 자신의 역량이 쌓이고 있다. 아니 쌓일 수 있게끔 일해야 한다. 현재의 리더급 세대와 같은 절대적인 충성이 필요하다는 것도, 대책이 없는 퇴사를 바라는 것도 아니다.

사람마다 각자의 '타이탄의 도구'*가 있다. 직장에서 10년 넘게 한 게 없다고 실망하긴 이르다. 당신이 한 업적으로 꽉 채울 경력이 있고, 알음알음 얻은 업계 지식이 있으며, 주변의 성공과 실패 사례로 데이터화된 나만의 정보가 있다. 늘어놓고 조합하지 않았을 뿐이다. 자신이 선천적으로 가진 재주와 지금의 사회적 능력을 잘 버무리고 고민하고 실행한다면 분명 발견할 수 있다. 나만의 생존 도구가 글쓰기가 될지, 말하기가 될지, 그림, 사진이 될지는 아무도 모른다. 해답은 본인만 알고 있다.

회사가 우리의 폐기를 결정하기 전에 '나'라는 상품의 운명은 내가 결정해야 한다. 우리는 3억 분의 1의 확률로 수정되

---

* 팀 페리스(Tim Feffiss)의 저서 《타이탄의 도구들》에 등장하는 말. '폭발적인 아이디어, 창조적인 습관가 디테일한 전략, 강력한 실행력'을 가진 사람들을 저자는 '타이탄(거인)'으로 보았고, 그들의 성공 전략을 가리켜 '타이탄의 도구'라고 말한 바 있다.

고 태어나 부모의 엄청난 기대와 사랑을 받고 자랐다. 우린 모두 그 존재 자체로 소중한 사람들이지만 살아가는 데 있어서는 자신의 현 상황과 능력을 직시하는 메타인지*가 높아야 허황되지 않은 목표를 설정하고 단계적으로 성장할 수 있다. 지금의 내가 현재에도 이 세상에 가치 있게 유통될 수 있는지에 대한 문제에는 누구보다 냉정해져야 한다는 뜻이다.

시장의 논리는 간단하다. 수요를 예측하고 공급하는 것. 위기를 먼저 알려고 노력하고 대응해야 한다. **세상의 수요를 끊임없이 탐구하고, 그곳에 '나'라는 상품을 공급할 수 있는 능력을 갖춰야 한다.** 혹은 내가 가진 능력을 필요로 하는 수요를 찾는 것도 방법이다. 이 모두는 꾸준한 시간을 필요로 하는 작업이다. 지금 부족한 면이 있어도 괜찮다. 우리는 이미

---

* 검색 포털 지식백과의 설명에 따르면 메타인지는 자신의 인지적 활동에 대한 지식과 조절을 의미하는 것으로 내가 무엇을 알고 모르는지에 대해 아는 것에서부터 자신이 모르는 부분을 보완하기 위한 계획과 그 계획의 실행과정을 평가하는 것에 이르는 전반을 의미한다. 그리고 이 능력이 뛰어난 사람은 자신의 사고과정 전반에 대한 이해와 평가가 가능하기 때문에 어떤 것을 수행하거나 배우는 과정에서 어떠한 구체적 활동과 능력이 필요한지를 알고, 이에 기초해서 효과적인 전략을 선택하여 적절히 사용할 수 있다.

생각보다 많은 것을 가지고 있다. 습관처럼 켜두던 모바일 TV는 잠시 정지해두는 것이 좋겠다. **단 30분의 독서, 1시간의 글쓰기, 2시간의 자기계발, 어떤 것이라도 좋다.** 특히 관심이 가는 분야나 자신의 취향에 집중할 수도 있다. 당장 뭘 해야 할지 막막하다면 올해 나의 성과를 자기소개서 쓰듯이 적어보는 것부터 시작해보자.

회사의 입장에서 말해볼까? 일이나 똑바로 하지 무슨 글을 쓰고 그림을 그리고 쓸데없는 짓을 하는 거야, 라고 생각할 수 있다. 그러나 회사 역시 일만 하는 사람이 정말 일을 잘하던 시대는 끝나가고 있다는 걸 알아야한다. 변화를 알고 공부하고 관심 가지는 사람의 퍼포먼스가 실제로 더 나은 경우가 많다. 요즘 직장인들은 수십만 원씩 주고 책을 읽고 토론하고 지적인 무언가를 탐구하는 모임에 간다. 누군가는 목공을 배우고 누구는 사진을 배운다. 배움과 토론 관련 플랫폼의 성장은 이런 욕구에 기꺼이 많은 비용과 시간을 들이는 사람들이 많아지고 있음을 의미한다. 크리에이티브한 회사일수록 구성원들에게 안식년과 같은 긴 휴가와 여가활동의 기회를 준다. 그 회사가 착해서일까? 아니다, 회사가 영리해서다. 다양한 경험과 인사이트를 충족한 구성원은 더 일을 잘하게 된다. 회사는 그의 높아진 능력을 비슷한 값에 활용하면 된다. 회사는 구성원들의 지적 자아성찰의 욕구를 인정하고 그들의 자기계발을 응원하고 지원하는 것이 낫다. 그것이 요즘 회사가 살 길이다. 회사와 사원은 적대적인 관계가 아닌 상호보완적인 관계다.

철학자 짐론Jim Rohn은 말했다. "당신을 시작하게 하는 것은 의욕이다. 그리고 의욕을 지속시키는 것은 습관이다." 이 책을 읽고 무언가 다짐한 바가 있다면 그 의욕을 습관화하자. 당신의 인생 사이클을 결정할 기준점은 '저녁 8시'다. 오늘 저녁 메뉴를 고르는 것보다 중요한 일은 많다. 나를 돌아보면 어느 때에는 TV를 끼고 있었고, 어느 때에는 스터디를 열심히 나갔고, 어느 때에는 돈 관리 방법을 공부했다. 그 저녁 8시 즈음에 내가 고민하고 검색하고 찾아봤던 일들이 100개라면 약 10개 정도의 성과가 그 1~2년 후부터 서서히 나타나기 시작했다. 어떤 것들은 시간만 축내고 아무런 성과를 내지 못하기도 했다. 하지만 늘 무언가를 시도하고 고민하는 사람에겐 분명 기회가 온다. 서른 중반을 너머 후반이 되어가는 지금 나의 저녁 8시는 글쓰기다. 내가 매년 그 시각, TV와 웹툰만 끼고 있었다면 지금 이 글도, 책도 완성하지 못했을 것이다.

　요즘은 입사 연차가 중요하지 않다. 선배의 이야기는 반만 듣고 반은 흘려 들어도 된다. 나의 이야기 역시 반만 들어도 좋다. 먼저 깨닫고 실행하는 사람의 상품 가치가 회사 안에서든 밖에서든 높을 수 밖에 없다. **회사는 우리의 미래에 관심이 없지만 우리는 우리 스스로의 미래에 관심이 있다. 전자보다 후자가 더 중요한 사실이다. 우리가 희망하는 순간까지 무사히 출퇴근하기를 바란다. 피할 수 없다면 즐겨라. 일은 확실히 하되, 사람도 회사도 적당히 사랑하기. 그리고 스스로를 알고 사랑하기. 지금부터 우리가 할 일이다.**

'**또라이 질량 보존의 법칙**.' 흔히 어느 조직을 가더라도 이상한 사람을 만날 수 있다는 우스갯소리입니다. 불행히도 이 법칙은 존재합니다. 또라이를 피해서 큰 맘 먹고 이동했지만 새로운 장소엔 늘 더 새로운 또라이가 있습니다. 그러나 또 하나의 법칙을 말해주고 싶습니다. '**좋은 사람 질량 보존의 법칙**' 지금까지 다섯 개의 학교 조직과 세 군데의 직장을 다니며 깨달은 것입니다.

이직한 지 얼마 지나지 않아 익숙하지 않은 시스템에 오류까지 발생하여 혼자 삽질 야근을 할 때의 일입니다. 물어보지도 않았는데 제 옆 자리에는 야근계도 올리지 않고 저의 퇴근 시간까지 업무를 도와주던 동료가 있었습니다. 또 아무리 작은 일도 한 번도 잊어버리지 않고 완벽하게 마무리하는 파트 후배도 있습니다. 면접장에서 서른을 훌쩍 넘은 여자 지원자였던 저의 결혼여부 보다 업무 역량을 궁금해 하신 상무님도 계십니다. 다른 팀원들이 모두 부러워하는 파트장님과 업무 능력과 인성을 겸비한 팀장님도 있습니다. 이상 열거한 분들은 이직해서 제가 만난 현재 직장에서 함께하고 있는 사람들입니다. 책에 쓴다고 더하거나 보탠 것 없이 진짜 좋은 사람들을 만났습니다. 또라이보다 좋은 사람의 질량이 더 많아졌습니다.

징글징글하다며 떠나온 옛 조직에도 좋은 사람들이 있습니다. 심지어 각자 그 회사를 퇴사한 상황에서도 한두 번씩 이유 없이 만나는 사람들이 있는 걸 보면 결국은 회사나 사람 그 자체가 미운 것은 아닌 것 같습니다. 내가 이동할 저편에 혹시 더 큰 또라이가 있을까 무서워 변화를 두려워하는 이가 있다면 이 말은 꼭 말해주고 싶습니다. **세상엔 좋은 사람이 조금 더 많은 것 같다고. 두려움보다 스스로의 운과 능력이 더 크다는 사실을 믿어보세요.**

작년 겨울, 구독자 백여 명 정도에 발행글 수가 열 편도 채 안 되는 작은 브런치 공간에 손님이 찾아왔습니다. 필터 없이 털어놓은 신인작가의 에피소드를 다듬어주시고, 예쁘게 디자인 해주시고, 홍보해주시고, 유통해주신 흐름출판의 모든 분들께 감사드립니다. 덕분에 '글보다 나은 책'으로 세상에 나오게 되었습니다. 이 글이 한 사람 이상의 인생에 긍정적인 영향을 주기를 희망합니다.

마지막으로 딸이 군대를 가든, 퇴사를 하든, 이직을 하든 그저 너의 선택을 믿는다며 이유없이 지지해주는 가족들. 이 좋은 사람들 모두에게 감사의 마음을 전합니다. **저 역시 '좋은 글'을 쓰는 '좋은 사람'이 되도록 노력하겠습니다.** 감사합니다.

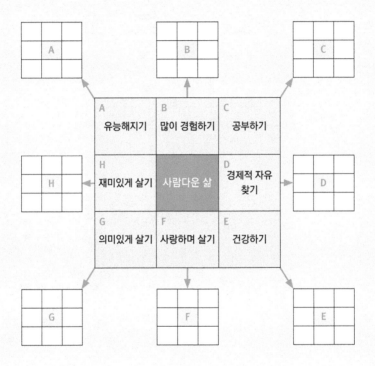

A			B			C		

A 유능해지기	B 많이 경험하기	C 공부하기
H 재미있게 살기	사람다운 삶	D 경제적 자유 찾기
G 의미있게 살기	F 사랑하며 살기	E 건강하기

회사 목표 달성	타 부서 업무 알기	중간 보고 하기
매출 극대화 기획	A **유능해지기**	직무 공부하기
기존에 안 한 새로운 프로젝트	업무 시스템 구축	대학원 알아보기

여행지 버킷리스트 작성	여행 자금 따로 저축	새로운 자격증 따보기
다음 여행지 예약	B **많이 경험하기**	다이빙해보기
여행사진 정리	가족여행 계획하기	부모님 여행 보내드리기

경제 공부	스터디 1개 가입	서평 쓰기
부동산 공부	C **공부하기**	완전히 다른 분야 배워보기
2주 2권 이상 독서하기	영어 공부	영어 점수 획득

내 월급 10% 수익내기	장기투자 연금 ETF 수익내기	안 입는 옷 대여 안 읽는 책 팔기
사고 싶은 것 3번 참기	D **경제적 자유 찾기**	내 집 마련 청약저축
안전한 투자 예금/적금 발행어음	절세 투자 ISA, 재형저축	공격적 투자 국내, 해외주식

요가하기	간헐적 단식해보기	물 2리터 마시기
화 내지 않기	E **건강하기**	과자, 인스턴트 줄이기
정기검진	관심 운동 1가지 정해서 하기	비타민, 유산균

상냥하게 말하기	주변 사람 생일 챙기기	조카 보러 가기 선물 보내기
친한 친구 반기 1회 이상 만나기	F **사랑하며 살기**	스승님 찾아뵙기 연1회이상
부모님 용돈 드리기	부모님 자주 찾아 뵙기	잘 모르는 주변인에게 친절하기

어린이재단 기부	텀블러 쓰기	아름다운 가게 물품 기증
유기견 센터 봉사	G **의미있게 살기**	재능 기부
안 읽는 도서 도서관 기증	후배 육성	먼 나라 이야기 관심 갖기

영화 보기	전시회 보기	문화생활 하기
일기 쓰기	H **재미있게 살기**	넷플릭스 아껴 보기
여행 계획하기	취미 강의 듣기	웹툰 한 작품 뽀개기

요즘 직장 생존법

초판 1쇄 발행 2020년 8월 14일
초판 2쇄 발행 2024년 1월 30일

지은이 M과장
펴낸이 유정연

이사 김귀분
기획편집 신성식 조현주 유리슬아 서옥수 황서연 정유진 **디자인** 안수진 기경란
마케팅 반지영 박중혁 하유정 **제작** 임정호 **경영지원** 박소영

펴낸곳 흐름출판(주) **출판등록** 제313-2003-199호(2003년 5월 28일)
주소 서울시 마포구 월드컵북로5길 48-9(서교동)
전화 (02)325-4944 **팩스** (02)325-4945 **이메일** book@hbooks.co.kr
홈페이지 http://www.hbooks.co.kr **블로그** blog.naver.com/nextwave7
출력·인쇄·제본 프린탑 **용지** 월드페이퍼(주) **후가공** (주)이지앤비(특허 제10-1081185호)

ISBN 978-89-6596-395-0 03190